Schneider/Windfuhr

Kochen im Elsaß

Sabine Schneider

Kochen im Elsaß

Hausmannskost und Spezialitäten

mit Bildern von Caroline Windfuhr

Weingarten

Die Deutsche Bibliothek – CIP Einheitsaufnahme

Schneider, Sabine:
Kochen im Elsaß: Hausmannskost und Spezialitäten/
Sabine Schneider. Mit Bildern von Caroline Windfuhr. – Weingarten:
Weingarten, 1996
ISBN 3-8170-0018-9
NE: Windfuhr, Caroline (Ill.)

© 1996 by Kunstverlag Weingarten GmbH, Weingarten
Satz: Riedmayer GmbH, Weingarten
Reproduktionen: repro team gmbh, Weingarten
Gesamtherstellung: Gerstmayer Offsetdruck, Weingarten
Printed in Germany
ISBN 3-8170-0018-9

Inhalt

Das Elsaß und die Elsässer

Gibt es ein schöneres Land als dieses Elsaß? Ein Land, in dem noch alles zu finden ist, was das Leben des Menschen so angenehm macht.

Im Westen bildet der langgezogene Rücken der Vogesen die Grenze des Elsaß zum sogenannten Innerfrankreich. Die Vogesen beginnen im Norden eher harmlos, mit Höhenrücken, die leicht zu besteigen sind, und auf deren Gipfeln zahlreiche Burgruinen aus fernen Tagen einen weiten Ausblick über endlos erscheinende Wälder bieten. Gegen Süden werden sie immer höher, die Schluchten werden tiefer und steiler, aber trotzdem finden sich große Weideflächen, die seit altersher als Sommerweide genutzt werden und denen der köstliche Münsterkäse zu verdanken ist. Hier im Süden öffnet sich das Land gegen Osten und die Weinberge ziehen sich hinauf bis an die Waldgrenze. Weinberge so weit man schauen kann, hier gedeihen die wunderbaren, klaren und sauberen elsässischen Weine. Welch große Freude erfährt der Betrachter aber auch im Herbst, wenn die Weinberge in den leuchtenden Gelb- und Rottönen vor dem dunklen Grün der Wälder und dem warmen Rot und Ocker der Dörfer ein Fest für das Auge bieten.

In den Nordvogesen sind es nicht so sehr die Weinberge, die dem Wald vorgelagert sind, sondern das Wiesenland mit einer Unzahl von Obstbäumen, die Hügel auf, Hügel ab das Bild bestimmen, ergänzt von den Kirchtürmen, die zwischen den Hügeln das nächste Dorf anzeigen. Statt der Herbstpracht der Weinberge ist es hier die Blütenpracht im Frühjahr, wenn das Land überzogen ist vom duftigzarten Weiß und Rosa, die eine Wonne für Seele und Gemüt ist. Dazu die

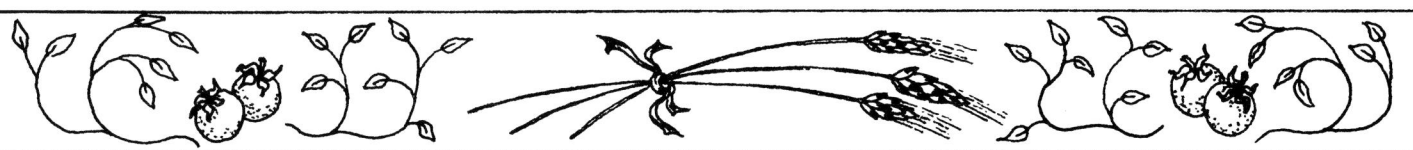

ahnungsvolle Vorfreude, wenn zur Zeit der Ernte der Segen ausreichend ist, um die Fässer mit Mirabellen, Quetschen und Birnen zu füllen, die erste Stufe hin zu den klaren Obstschnäpsen.

Und zwischen Wein- und Obstgärten erstrecken sich die großen Felder, auf deren fruchtbaren Böden, begünstigt durch das milde, warme Klima alles wächst, was der Mensch braucht. Kein Gemüse, keine Feldfrucht, die hier in diesem, sonnigen Land nicht gedeihen würde. Aber auch der Tabak für den Rauch und der Hopfen für das Bier fehlen nicht.

Viele Flüsse und Bachläufe, die meisten noch unverändert in ihrem natürlichen Bett, schlängeln sich durch die Waldtäler und durch das Hügelland. Wo sie verschmutzt sind, bemüht man sich inzwischen, sie wieder mit neuem Leben zu erfüllen. Da, wo noch ursprüngliche Substanz erhalten ist, rettet man diese Biotope vor der Veränderung durch den Menschen.

Zu all dieser ländlichen Pracht gesellt sich harmonisch das Elsässer Dorf. Große und stattliche Häuser, geschmückt mit verziertem Fachwerk, mit reich geschnitzten Altanen und Toren, mit farbenprächtigem Blumenschmuck. Die Gehöfte der Winzer und Bauern wirken wie kleine Trutzburgen hinter den großen Holztoren. Auf der anderen Seite die kleineren schmalen Anwesen, die sich Giebel an Giebel reihen, und nach hinten jeweils einen langen schmalen Streifen gehegtes Gartenland besitzen.

Plätze inmitten des Dorfes, geprägt von den unerläßlichen Brunnen mit wunderschönen Steinmetzarbeiten, aus denen drei Leute gleichzeitig ihre Wassereimer füllen konnten. Kirchen, die so vielgestaltig sind, wie überall in Europa. Da gibt es nicht nur das berühmte Straßburger Münster und die großen romanischen Kirchen mit ihrer dunklen Schwere. Denn dazu kommen die vielen Gotteshäuser in den Dörfern mit ihren vielfältigen Türmen. Es fällt auf und ist typisch für das Elsaß, daß auch kleine Dörfer zwei Kirchen haben, eine evangelische und eine katholische, jeder soll auf seine Façon glücklich werden. Und zum Glücklichsein haben sie Talent, die Bewohner und Gestalter dieses Landes, die Elsässer, mit ihrer ungewöhnlichen Geschichte zwischen zwei Ländern.

Wie ein Riegel liegt das Elsaß zwischen Frankreich und Deutschland und mehrmals verschob sich die Grenze dieser beiden Länder vom Rhein an die Vogesen

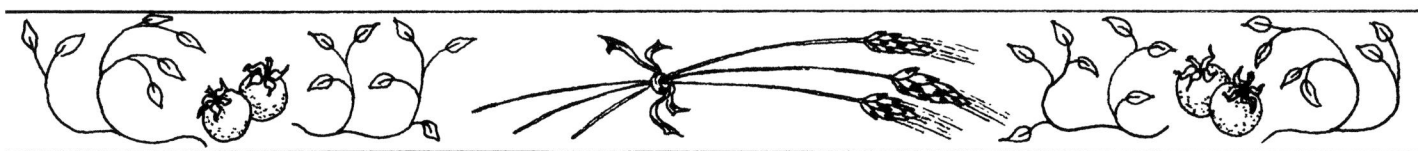

und wieder an den Rhein zurück. Immer über die Elsässer hinweg, und jedesmal mußten sie sich beugen, mußten Sprache und Kultur des jeweiligen Siegers übernehmen, und das vorher Gewesene auf einen Schlag vergessen. Die Kinder wurden von heute auf morgen in der neuen Sprache unterrichtet, in den Amtsstuben wurde in kurzer Zeit und ohne Kompromisse die Sprache geändert und Literatur und Liedgut wurden ohne Übergang ausgetauscht.

Was man den Elsässern nicht nehmen konnte, war ihre Sprache, das Elsässische, und die damit verbundene Lebensart. Das wurde bewahrt und gepflegt und heute, nach einer langen Zeit ohne Wechsel, ist fast erreicht, was solange unerreichbar schien: Man hat anerkannt, daß der Elsässer in erster Linie Elsässer ist und nur Elsässer. Unter dem Dach Europas leuchten die Qualitäten der Grenzlandbewohner ganz besonders hell, zählen sie doch wegen ihrer geographischen Lage zu den ältesten Europäern. Sie sind vertraut mit zwei fremden Sprachen und Kulturen, haben die Fähigkeit, sich aus jeder das Beste zu holen und durch ihre Mehrsprachigkeit die Möglichkeit, in einem sehr großen Bereich Arbeit und Stimmen zu finden.

Die manchmal fast schlitzohrige Weise, sich den jeweiligen Verhältnissen anzupassen, ohne sich aufzugeben, zeigt das kleine elsässische Lied vom Hans im Schnokeloch, in dem der Elsässer in feiner Selbstironie sein Wesen charakterisiert.

D'r Hans im Schnokeloch　　　　D'r Hans im Schnokeloch
Hat alles, was'r will.　　　　　　Sagt alles, was'r will.
Un was'r will, das hat'r nit,　　　Un was'r sagt, das dankt er nit,
Un was'r hat, das will'r nit,　　　Un was'r dankt, das sagt'r nit,
D'r Hans im Schnokeloch　　　　D'r Hans im Schnokeloch
Hat alles, was'r will.　　　　　　Sagt alles, was'r will.

Das beste Rezept, mit dieser Zwiespältigkeit zu leben, ist, jeden Augenblick zu genießen und Freude zu haben an allem, was das Leben lebenswert macht. Dazu gehört vor allem und zuerst die Freude an Festen. Denn feiere ich heute, kann mir morgen niemand mehr die Freude nehmen.

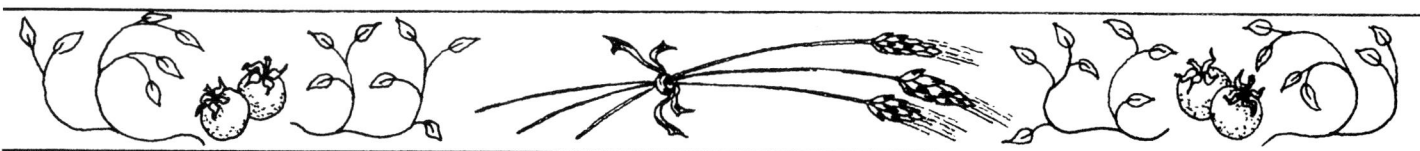

13

Und so feiern die Elsässer gerne und oft mit viel Essen und Trinken und langem Sitzen. Hochzeiten dauern immer bis in den nächsten Morgen und die Kommunionen, ganz besonders die sogenannte große, sind richtige Familienfeste. Da ist sicher jeder Cousin dabei, das Fest beginnt mit dem Mittagessen nach der Kirche, um mit nur kurzer Unterbrechung in das Abendessen überzugehen. Und Montag trifft man sich zu einem leichten Nachessen noch einmal und verschmäht auch nachmittags nicht die allerletzten Kuchen. Natürlich geht jedem Essen ein ausgiebiger Apperitif voraus, um Menschen, die man länger nicht gesehen hat, zu begrüßen, um mit allen, die da sind, ein Wort zu wechseln. Bei einer Hochzeit sind es nicht selten einige hundert Menschen, die dem Brautpaar ihre Glückwünsche darbringen.

Nimmt es da Wunder, wenn das Thema Essen und Trinken ein Hauptthema im Elsaß ist. Am Stammtisch gehen immer wieder die Wogen hoch bei der Diskussion, ob der Bäckeoffe mit Karotten oder ohne, der Flammkuchen mit hauchdünnem oder lieber etwas dickerem Teig der einzig Richtige ist. Fast andächtig wird die Stimmung, wenn Joseph nach dem dritten Bier plötzlich die Augen gen Himmel richtet und kundtut, daß er jetzt so richtig Lust hätte auf einen saftigen Schweinerollo, worauf Paul mit Genuß beschreibt, daß er auf nichts mehr Lust hätte, als auf vier Ochsengickele, denen er die gelben Augen mit viel Baguette austunken würde. Sind sie erst bei dieser Art von Schwärmerei, stehen sie mit einem „Hopp" schnell auf und verschwinden in Richtung heimatlicher Eßfreuden.

Suppen

Die Suppe als Beginn einer Mahlzeit hat im Elsaß eine lange Tradition. In früheren Zeiten bestand die Ernährung zum größten Teil aus Suppe, Milchsuppen und Suppen auf Getreidebasis. Für Ältere, und ganz besonders für Männer ist die „Supp" auch heute noch ein absolutes Muß. Für Paul ist keine Mahlzeit eine Mahlzeit, wenn sie nicht mit einer Suppe beginnt, und das mittags und abends. Dies allein ist der Grund, warum er nicht zur längst fälligen Kur geht, denn dort müßte er Diät halten und das hieße sicherlic.h: keine Supp.

Dazu muß man aber auch sagen, daß hier auf dem Land jeder einen Gemüsegarten hat, und wenn nicht selber, dann die Mama oder die Tante. Da ist es leicht, Suppe zu kochen.

Im Frühjahr, wenn die ersten warmen Sonnentage zu einem Spaziergang einladen, ist die Zeit der Kräutersuppe. Beim Spazierengehen am Waldrand findet sich alles, was man braucht die ersten Spitzen der Brennessel, die kleinen Blättchen von Sauerampfer und Löwenzahn.

Im Sommer dann die Gemüsesuppe, einfach quer durch den Garten. Im Herbst schließlich gibt es Lauch, Kartoffeln, Pilze und das Wahrzeichen des herbstlichen Gartens, die großen goldenen Kürbisse.

Aber nicht zu vergessen die Krönung aller guten Suppen: die Fleischsuppe. Sie leitet traditionell das Taufessen, das Hochzeitsessen und den Leichenschmaus ein. Jeder hier bei uns sagt auf die Frage nach „der" Suppe wie aus der Pistole geschossen „Markknöpflesupp". Keine Frage, daß jede gute Hausfrau auch die

besten Markknöpfle machen kann, und man spricht mit Respekt von Marie-Therese, denn ihre Markknöpfle sind genau richtig, nicht zu groß und nicht zu klein, nicht zu fest und nicht zu locker.

Kräutersuppe

2 Schalotten
50 g Butter, 4 EL Mehl
1 l Hühnerbouillon
3 Eigelb, ¼ l Sahne
je eine Handvoll kleingehackter
Sauerampfer, Brennessel, Löwenzahn
und Schnittlauch
Salz und Pfeffer

Die Schalotten so fein wie möglich hacken und in der Butter sanft andünsten, unter ständigem Rühren Mehl zugeben. Dann mit einem Teil der Hühnerbrühe ablöschen, aufkochen lassen und immer wieder aufgießen, bis eine leicht cremige Suppe entstanden ist. Vom Herd nehmen, mit dem Pürierstab aufmixen. Die drei Eigelb mit dem Rahm verquirlen und mit dem Schneebesen in die Suppe einrühren. Nun nicht mehr kochen, nur noch heißhalten, mit Salz und Pfeffer abschmecken. Die fein gehackten Kräuter in die Suppe geben, noch zwei Minuten ziehen lassen und servieren.

Spargelcremesuppe

1 kg Spargel
1 Eßlöffel Butter,
Zucker und Salz für das Kochwasser
30 g Butter, 2 EL Mehl
3 Eigelb, ¼ l Rahm
1 Bund gehackter Kerbel
Salz und Pfeffer

Spargel gibt es im Elsaß hauptsächlich in der Rheingegend, das bekannteste Anbaugebiet ist die Gegend von Hoerdt.
Den Spargel gründlich schälen und in 2 cm lange Stücke schneiden. In 2 l Wasser Salz, eine reichliche Prise Zucker und Butter geben, und zum Kochen bringen. Die Spargelstücke dazugeben und weich kochen. In einem genügend großen Topf die Butter schmelzen und das Mehl darin andünsten. Unter ständigem Rühren das Spargelwasser in kleinen Portionen dazugeben, bis die Suppe die richtige Konsistenz hat. Noch einmal aufkochen lassen, mit Salz und Pfeffer abschmecken, die mit der Sahne verquirlten Eigelb dazugeben und nun nicht mehr kochen lassen, nur noch heiß halten. Die Spargelstücke und den gehackten Kerbel dazugeben, eine Minute ziehen lassen und servieren.

Hühnerbrühe mit Reis

Eigentlich ist der Elsässer kein großer Freund von Reis und ich habe auch von keinem anderen älteren Gericht gehört, in dem Reis vorkommt. Zu dieser Hühnersuppe wurde er aber immer schon gegessen. Wenn wir manchmal Reis als Beilage des Plat du Jour machen, hören wir von unseren älteren Gästen die besten Ausreden. Einmal wollen sie nicht den Asiaten den Reis wegessen, zum anderen wurde im Elsaß immer schon gefürchtet von Reis „Schlitzgickele" zu kriegen. Die große Ausnahme ist folgende Suppe, die es früher immer dann gab, wenn die Hausfrau mit der Eierlegeleistung eines Huhnes nicht mehr zufrieden war.

Das Huhn in reichlich kaltem Wasser aufsetzen, salzen und pfeffern und zum Kochen bringen. Den Schaum immer wieder abschöpfen. Nach ca. 15 Minuten, wenn sich kein Schaum mehr bildet, die anderen Zutaten dazugeben und alles zusammen ca. 1–1½ Stunden bei kleiner Hitze kochen lassen, bis das Huhn weich ist und sich das Fleisch von den Knochen lösen läßt. Nun das Huhn herausholen und abkühlen lassen, dann die Haut abziehen und das abgelöste Fleisch in Würfel schneiden. Die Brühe abgießen, zuviel Fett vorsichtig abschöpfen, und mit einem Teil der Brühe den Reis weichkochen. Dann in eine große Suppenterrine die Fleischwürfel, den Reis und am Schluß die nochmals erhitzte Brühe geben, mit kleingehackter Petersilie bestreuen und servieren.

1 Suppenhuhn
Salz und Pfeffer
2 Stangen Lauch
3 Karotten
3 Zweige Petersilie
2 Zehen Knoblauch

pro Person 3 EL Reis
½ Bündel gehackte Petersilie

Grummbeeresupp

Die Lauchstangen der Länge nach halbieren und waschen, dann in kleine Ringe schneiden, die Kartoffeln klein würfeln und zusammen mit der Petersilie in einen Topf geben, salzen und pfeffern und 2 Finger hoch mit Wasser bedeckt kochen lassen. Sehr weich kochen und gründlich pürieren, dann den Rahm und die Butter dazugeben. Nochmals abschmecken, erhitzen und mit im Ofenrohr gebackenen Weißbrotscheiben servieren.

4 Stangen Lauch
8 große mehlige Kartoffeln
1 Bund Petersilie, gehackt
⅛ l Rahm
2 EL Butter
Salz und Pfeffer

Kürbissuppe

Gerne werden in den elsässischen Gärten die Kürbisse gezogen und jeder Gartenbesitzer hofft, daß sein „Potiron" bei der herbstlichen Obst- und Gemüseausstellung zum Erntedankfest der Größte, rundeste und goldenste ist. Aber das Beste am Kürbis ist doch die Suppe.

1½ kg Kürbis
4 Stangen Lauch
3 EL Butter
Salz und Pfeffer
300 g Crème fraîche
1 dicker Bund Kerbel, gehackt

Den Kürbis schälen, das weiche Innere entfernen und ihn dann in größere Würfel schneiden. Den Lauch der Länge nach halbieren, waschen und in feine Ringe schneiden. Die Butter in einem genügend großen Topf erhitzen, die Lauchringe leicht andünsten, die Kürbiswürfel dazugeben, salzen und pfeffern und unter Rühren noch etwas dünsten. Mit Wasser aufgießen, daß das Gemüse gut bedeckt ist, und alles weichkochen. Sehr gründlich pürieren, eventuell noch etwas Wasser dazugeben, die Crème fraîche einrühren, wieder erhitzen und nochmals abschmecken. Nun den Kerbel dazugeben und 1 Minute ziehen lassen, aber nicht mehr kochen.

Gemüsesuppe

3 Karotten, 2 Stangen Lauch
½ Knolle Sellerie
250 g grüne Bohnen
200 g frische Bohnenkerne
300 g Weißkraut
3 kleine Zucchini, 4 Tomaten
1–2 Broccoli, ½ Blumenkohl
3 Kartoffeln, 3 Zehen Knoblauch
1 Bund Petersilie, Selleriegrün und
einige Blätter Liebstöckel
60 g Butter, Salz und Pfeffer

Diese Suppe heißt „Quer durch den Garten" und den ganzen Sommer über nimmt die elsässische Hausfrau dazu alles, was sie bei einem Rundgang findet. Was die Zutaten angeht, ist es hier nicht so schlimm, wenn man das eine oder andere nicht hat oder die Mengen etwas differieren. Grundsätzlich gilt, je vielfältiger das Gemüse, desto besser die Suppe.
Das ganze Gemüse wird nun in kleine Stücke geschnitten, die Kräuter und der Knoblauch gehackt, alles in Butter angedünstet und dabei gerührt, Salz und Pfeffer dazu, anschließend mit Wasser aufgegossen, so daß das Gemüse 3 Finger hoch bedeckt ist. Nun gut kochen lassen, bis alles weich ist.
Ältere Elsässer und da vor allem die Herren lieben es, wenn diese Suppe gut püriert oder durch ein Sieb passiert wird. Wir essen sie am liebsten so, wie sie ist.

Zwiebelsuppe

1½ kg große Zwiebeln
60 g Butter, Salz und Pfeffer
¼ l Riesling
1½ l Rinderbouillon
nach Geschmack noch 1 Eßlöffel
getrockneten Majoran

Die Zwiebeln halbieren und dann in dünne Scheiben schneiden. Die Butter in einem großen Topf erhitzen, die Zwiebeln dazugeben und sanft andünsten. Salzen und pfeffern, eventuell den Majoran dazugeben und mit dem Weißwein ablöschen. Auf kleinstem Feuer köcheln lassen und immer wieder umrühren, damit die Zwiebeln nicht braun werden. Wenn der Weißwein eingekocht ist, mit der Rinderbouillon aufgießen, nochmals abschmecken und sehr heiß servieren.

Fleischsuppe

Sie ist die Suppe aller Suppen, ein Labsal im Winter, ein Retter für alle, die wieder aufgerichtet werden müssen. Denn so ein Teller heiße Bouillon gibt Lebensmut und Freude. Unsere Nachbarin meint, wenn sie von jemandem die Fleischsupp probiert hat, weiß sie, was von diesem Koch zu halten ist.

2 Stücke Ochsenschwanz
4 Markknochen, 500 g Zwerchrippe
500 g Brustkern
3 Karotten, ¼ Sellerieknolle,
1 große Stange Lauch
6 Stengel Petersilie
einige Blätter vom Liebstöckel
1 Zweig Selleriegrün
3 ungeschälte Zehen Knoblauch
1 Stück vom Wirsing oder Weißkraut
1 weißes Rübchen
Salz und Pfeffer
geriebene Muskatnuß

Reichlich kaltes Wasser in einem großen Topf aufs Feuer stellen, Markknochen und Ochsenschwanz hineingeben und aufkochen lassen, dabei ständig mit dem Schaumlöffel abschöpfen. Ca. 15 Minuten kochen lassen, nun das Fleisch hinzugeben und weiter Schaum abschöpfen, nochmals 10 Minuten kochen lassen. Nun alle Gemüse, Kräuter und Gewürze dazugeben, aufkochen und auf kleinem Feuer weiterköcheln lassen. Bitte keinen Deckel auf den Topf legen, da die Brühe sonst trübe wird.
Nach 1½ Stunden das Fleisch aus der Suppe nehmen und in einer Schüssel, mit einem feuchten Tuch bedeckt, kühl stellen. Dieses Fleisch wird später nochmals in der Brühe heißgemacht, in Scheiben geschnitten und als Pot au Feu gegessen (Seite 45).
Die Suppe nun nochmals ½ Stunde kochen lassen, vom Feuer nehmen, abkühlen und abgießen. Die Karotten und den Sellerie kann man aufheben und später zum Pot au Feu dazureichen.

Möchte man die Bouillon nicht zu fett, gibt man sie abgekühlt in den Kühlschrank und läßt sie dort über Nacht, dann kann man das Fett gut entfernen und hat eine klare Brühe.

Variation: Einen sehr intensiven und kräftigen Geschmack erhält die Fleischbrühe, wenn man noch ein Stück Rinderleber (250 g) und Rinderherz mitkocht.

Markknöpfle

Dieses Rezept ist, wie schon erwähnt, von Marie-Theres, und sie hat sich extra die Mühe gemacht alle Zutaten in kleine Schüsselchen zu tun und zu messen und zu wiegen. Normalerweise arbeitet sie – wie viele gute Köche – rein gefühlsmäßig, und doch werden ihre Markknöpfle jedesmal gleich gut.

Das Mark aus den Knochen lösen und in kleinen Brocken in eine flache Schüssel geben, alle anderen Zutaten darauf verteilen und alles gut durchkneten. Sollte der Teig zu trocken erscheinen, so daß er noch bröselt, etwas Fleischsuppe dazugeben. Kurz ruhen lassen und mit feuchten Händen kleine Knödelchen drehen. Marie-Theres liebt es nicht, wenn die Markknöpfle größer sind als kleine Murmeln.

2–4 Markknochen (= 60 g Mark)
1 Schalotte fein gehackt, entspr. 2 EL
eine Spur durchgepressten Knoblauch
2 EL fein gehackte Petersilie
Salz, Pfeffer, geriebene Muskatnuß
2 Eier, 3 EL Hartweizengrieß ,
3 EL Semmelbrösel

Riewelesupp

Eine sehr schmackhafte Suppe, wenn man keine Markknochen hat.

Das Mehl, die Eier und die Gewürze in einem tiefen Teller mit der Gabel vermischen. Den Teig zwischen den Handtellern reiben, so daß kleine Riewele entstehen, die man einige Minuten in der Brühe köcheln läßt.

6 EL Mehl
1 Ei, 1 Eigelb
Salz, Pfeffer, geriebene Muskatnuß

Vorspeisen – Entrees

Habe ich vorhin gesagt, kein Essen ohne Suppe als Einstieg, so kann man allgemein sagen: überhaupt kein Essen ohne Entree. Selbst das einfache „Plat du Jour", das Tagesessen, das es überall in Frankreich an den Wochentagen zu günstigen Preisen gibt, beginnt mit einem Entree, einer kleinen Vorspeise. Bei großen Essen, bei Festen, hat das Menü mindestens zwei Entrees, möglichst der Jahreszeit entsprechend und doch gegensätzlich. Also Fleisch–Fisch, Suppe–Salat, kalt–warm. Die Zusammenstellung der Vorspeisen bei einem großen Menü muß mit dem Hauptgericht, wie eine Symphonie aus vielen Sätzen, gut komponiert sein. Hier kann der Koch seiner Phantasie freien Lauf lassen, sowohl bei der Zusammensetzung, als auch bei der Dekoration. Und es ist oft gar nicht so schlecht, sich in einem guten Restaurant ein Menü aus Vorspeisen zusammenzustellen. Denn eigentlich entspricht jede der folgenden Vorspeisen im Normalfall einer kleinen Mahlzeit. Und eine warme, deftige Tourte Vosgienne zum Beispiel, in Begleitung einer großen Schüssel Salat, erfüllt durchaus die Erwartungen, die man an eine „Plat de Resistance" stellt, ein Gericht für die Widerstandskraft, wie das Hauptgericht im Französischen genannt wird.

Der Vollständigkeit halber möchte ich noch eine sehr beliebte elsässische Vorspeise erwähnen, die ich bei den Rezepten nicht berücksichtigt habe, das sind die Froschschenkel. Ich persönlich bereite oder esse sie aus verschiedenen Gründen nicht und bei uns im Restaurant stehen sie auch nie auf der Karte. Die Elsässer die ich kenne, lieben alle dieses Gericht und in jedem traditionellen Lokal gehört es

zum Repertoire. Sollten Sie also neugierig sein, probieren Sie Froschschenkel bei Ihrem nächsten Besuch im Elsaß.

Tourte Vosgienne

Eine sehr beliebte und nahrhafte Pastete, die viel auf den „Ferme Auberge", den Bauerngasthöfen der Hochvogesen, angeboten wird.

3 EL Butter
150 g Speck in kleinen Würfeln
1–2 Zwiebeln
1 Knoblauchzehe
½ Bund Petersilie, gehackt
150 g Champignons,
blättrig geschnitten
700 g Hackfleisch
1 Glas Riesling
Salz und Pfeffer
Béchamelsauce (Seite 112)
700 g Blätterteig (gefroren)
1–2 Eier
Butter zum Einfetten der Form

In einer großen Pfanne die Butter erhitzen und dann den Speck, die Zwiebeln, den Knoblauch, die Petersilie und die Champignons unter ständigem Rühren kräftig anbraten. Nun das Hackfleisch dazugeben und weiter auf starkem Feuer alles zusammen dünsten, nicht braun werden lassen. Mit dem Glas Wein ablöschen, pfeffern und salzen, und die Farce auf kleinem Feuer einköcheln lassen, vom Feuer nehmen und etwas abkühlen.

Die Béchamelsauce nach Angabe bereiten, etwas abkühlen lassen. Währenddessen eine feuerfeste Glasform mit hohen Rand (26 cm Durchmesser) oder eine Springform mit Butter einfetten und den Blätterteig zu zwei Platten ausrollen, die eine etwas größer als die andere. Die größere Platte in die Form legen, so daß der Rand noch gleichmäßig 1 cm übersteht, eventuell zuschneiden, die kleinere Platte genauso groß wie die Form schneiden.

Nun die Farce mit der Béchamelsauce vermischen und in die Form füllen. Den Rand nach innen klappen und mit Eiweiß bestreichen, den kleineren Deckel fest draufdrücken und mit einem spitzen Messer in die Mitte ein Loch von 2 cm Durchmesser schneiden, damit nachher beim Backen der Dampf entweichen kann. Aus den Resten des Teiges Blätter, Äste und Bögen schneiden und den Teigdeckel damit verzieren, (mit Eiweiß aufkleben), alles mit Eigelb bestreichen, in das vorgeheizte Backrohr schieben und bei 200 °C schön goldbraun backen (2. Schiene von unten ca. 40 Minuten).

Quiche Lorraine

Dieser Speckkuchen kommt ursprünglich aus Lothringen, aber die Elsässer, mit ihrer Liebe zum Speck, haben ihn gerne in ihr Repertoire übernommen.

Den Speck mit der Butter in einer Pfanne anbraten, mit dem Schaumlöffel herausnehmen und etwas abkühlen lassen. Den Mürbeteig ausrollen und in die gebutterte Tarteform geben, mit dem Messer den Rand gerade schneiden, mit der Gabel einige Löcher in den Teigboden pieken. Den Speck darauf verteilen. Die Eier mit der Sahne verquirlen, mit den Gewürzen abschmecken und auf den Speck gießen. Die Form auf der untersten Schiene ins vorgeheizte Backrohr schieben und bei 200 °C in ca. 30 Minuten goldbraun backen, leicht abgekühlt servieren.

250 kleingewürfelter, geräucherter Speck
1 EL Butter
3 Eier
¼ l Sahne
Salz und Pfeffer
geriebene Muskatnuß
350 g Mürbeteig (Seite 108)

Zwiebelkuchen

Die in feine Ringe geschnittenen Zwiebeln in der Butter gut andünsten, aber nicht braun werden lassen. Mit dem Weißwein ablöschen und auf kleinem Feuer einköcheln lassen. Abkühlen.
Den Mürbeteig ausrollen und in eine gebutterte Tarteform geben, den Rand gerade abschneiden, die Zwiebeln einfüllen. Sahne und Eigelb miteinander verrühren und mit den Gewürzen abschmecken, über den Zwiebeln verteilen. Auf der untersten Schiene ins vorgeheizte Rohr schieben und bei 200 °C in ca. 30 Minuten goldbraun backen, etwas abkühlen lassen und servieren.
Die Zeit des Zwiebelkuchens ist der Herbst, die Zeit des neuen Weines. „Neier Siasser" heißt er und schmeckt hervorragend dazu, aber auch mit einem kühlen Sylvaner oder Riesling ist ein Zwiebelkuchen nicht so gut wie zwei.

600 g Zwiebeln
80 g Butter
1–2 Glas Weißwein
4 EL Sahne
3 Eigelb
Salz und Pfeffer
geriebene Muskatnuß
350 g Mürbeteig (Seite 108)

Nun zu den etwas aufwendigeren Vorspeisen, den Pasteten. In Frankreich und im Elsaß werden sie „Terrine" genannt.

Klingt die Bereitung einer Pastete anfangs kompliziert, so ist sie doch sehr praktisch, denn sie kann 2–3 Tage vor dem Festessen bereitet werden und muß am Tag des großen Essens nur in Scheiben geschnitten und schön dekoriert werden.

Entenpastete

3 Entenbrüste
1 Schweinefilet
3 Blätter Salbei und 4 Spitzen
von Rosmarinzweigen oder
½ EL Rosmarinnadeln, feingehackt
150 g grüner Speck in kleinen Würfeln
Saft von 1 Orange
abgeriebene Schale von 1 Orange
2 cl Grand Marnier und 2 cl Cognac
1 Ei
2 Schalotten und 1 Zehe Knoblauch
(kleingehackt)
1 EL Butter
Grüner Speck in große dünne
Scheiben geschnitten (vom Metzger
machen lassen) zum Auskleiden
der Pastetenform
3–5 Lorbeerblätter
Orangenscheiben zur Dekoration

Eine Pastete zu machen ist gar nicht so schwer, wichtig dabei ist die Vorbereitung des Fleisches. Es muß sehr gründlich von Haut, Sehnen und Fett befreit und dann in Würfel geschnitten werden. Von dem Entenfleisch gibt man ¼ der Fleischwürfel in ein Schüsselchen und mariniert sie mit dem Orangensaft und dem Alkohol für ca. 3 Stunden im Kühlschrank. Den Rest des Fleisches und die Hälfte der Speckwürfel sowie die Kräuter dreht man durch die feine Scheibe des Fleischwolfes oder püriert sie im Mixer. In den Fleischteig mischt man den Rest der Speckwürfel und das Ei, gibt Salz und Peffer dazu, und stellt das Ganze ca. 3 Stunden kalt. Nach Ablauf der 3 Stunden gibt man die Butter in eine Pfanne, erhitzt darin auf kleinem Feuer die Schalotten und den Knoblauch und löscht sie mit der Marinierflüssigkeit. Langsam auf 1/3 einköcheln und anschließend abkühlen lassen. Dies und die marinierten Fleischwürfel zu dem Fleischteig mischen. Eine Pastetenform so mit den Speckscheiben auslegen, daß noch ausreichend zum Zuklappen überhängt. Die Fleischfarce einfüllen und gut eindrücken, damit keine Hohlräume bleiben, das Fett darüberschlagen und überlappen lassen, evtentuell passend schneiden. Lorbeerblätter und Orangenscheiben darauflegen, festdrücken und die gesamte Pastetenform dicht mit Alufolie verpacken, in ein heißes Wasserbad stellen und so im auf 140 °C vorgeheizten Backrohr 90 Minuten garen. Nun die Pastete von der Folie befreien, die ausgetretene Flüssigkeit abgießen und die Pastete kaltstellen, und dabei beschweren. Wir nehmen dazu ein passendes Brettchen und ein altes Bügeleisen. Vor dem Stürzen und Anschneiden sollte die Pastete mindestens eine Nacht im Kalten stehen.

Bauernterrine

Das Fleisch von Haut, Sehnen und Fett befreien und mit dem grünen Speck in kleine Würfel schneiden, in eine Schüssel geben und mit den Gewürzen, Salz, Pfeffer und Cognac gut vermischt im Kühlschrank über Nacht ziehen lassen.

Am nächsten Tag das Fleischgemisch durch die feinste Scheibe des Fleischwolfes drehen und anschließend mit den Eiern und dem gewürfelten geräucherten Speck mischen. Eine Pastetenform mit den Speckscheiben auslegen, die Fleischfarce einfüllen, festdrücken und mit den Lorbeerblättern und Wacholderbeeren verzieren. Nun im Backofen bei ca. 220 °C ca. 50–60 Minuten auf der zweiten Schiene von unten garen. Das ausgetretene Fett nach dem Backen in der Form lassen, es dichtet die Pastete ab und hält sie saftig. Mindestens eine Nacht vor dem Anschneiden im Kühlschrank lassen.

2 hintere Hasenkeulen
2 Schweinefilets, 150 g grüner Speck
3 Salbeiblätter, ½ TL Rosmarinnadeln
1 Lorbeerblatt, 1 TL Thymian
3 Wacholderbeeren
(alles im Mixer zerkleinert)
Salz und Pfeffer, 3 cl Cognac
2 Eier, 200 g gewürfelter geräucherter
Speck, 20 dünne Speckscheiben
Lorbeerblätter und Wacholderbeeren
für die Dekoration

Preßkopf mit Vinaigrette

Preßkopf ist ein sehr bildhaftes Wort, denn genau das wurde am großen Schlachttag gemacht. Die Alten sagen heute noch „Maul und Füß" dazu, denn Teile vom Schweinekopf und den Füßen werden mit Lorbeerblättern, Nelken und anderen Gewürzen gekocht, dann in eine Schüssel gefüllt und mit Gewichten zusammengepreßt. Durch die eigene Gelatine gibt dies – kaltgeworden – einen festen Block. Heute geht man möglichst zu einem Metzger, der seinen Preßkopf noch selber macht und dann ist dieses einfache Gericht ein Genuß.

Den Preßkopf in Scheiben auf einer Platte anrichten, Essig, Öl, Salz und Pfeffer miteinander verquirlen und abschmecken. Über die Preßkopfscheiben träufeln und darauf achten, daß alles gut bedeckt ist. Den Schnittlauch über alles streuen und die Radieschenscheiben am Rand der Platte dekorativ verteilen.

Vinaigrette zu Presskopf:
Rotweinessig, Sonnenblumenöl
Salz und Pfeffer
1 Bund Schnittlauch in Röllchen
geschnitten und 1 Bund Radieschen
in Scheiben geschnitten

Gepökelte Schweinebacken auf Linsensalat

Pökeln ist eine ganz alte Art, frisches Fleisch haltbar zu machen. Heute in der Zeit der Kühlschränke hat es nur noch kulinarische Bedeutung. Die Schweinebacken zum Pökeln muß man meistens bei seinem Metzger bestellen. Sie sind wunderbar zart und weich und schmecken gepökelt ganz besonders gut. Mit dem Kochen muß man allerdings 5 Tage vor dem Essen anfangen, denn Pökeln braucht seine Zeit.

pro Person 1–2 Schweinebacken

Für die Pökellake:
1 l Wasser, 3 EL Salz
40 g Pökelsalz (gibt es beim Metzger)
10 Wacholderbeeren, 3 Gewürznelken
1 Bouquet garni aus 3 Thymian-
zweigen und 3 Lorbeerblättern,
2 Knoblauchzehen in der Schale und
einigen Pfefferkörnern

Für das Kochen:
1 Bouquet garni aus je 3 Thymian-
zweigen und Lorbeerblättern, 1 Stange
Lauch, 2 Karotten, einige Pfeffer-
körner und 10 Wacholderbeeren

Für den Linsensalat:
pro Person 4 EL in Fleischbrühe
gekochte Linsen
1 kleine Zwiebel, Olivenöl
Rotweinessig, Salz und Pfeffer
einige Blätter Friseesalat

5 Tage vor dem Essen den Pökelsud aufstellen und 20 Minuten kochen lassen, dann abkühlen und die Schweinebacken einlegen. Die Schüssel gut abdecken und in den Kühlschrank stellen. Am Tag des Essens 1 l Wasser mit den angegebenen Zutaten zum Kochen bringen und 20 Minuten köcheln lassen, dann die Schweinebacken einlegen und weichkochen. Aufpassen, das dauert nicht zu lange. Die Schweinebacken herausnehmen, mit einem feuchten Tuch bedecken und abkühlen lassen.

Die Linsen in der Fleischbrühe weichkochen, abseihen und mit der gehackten Zwiebel, Essig, Öl, Salz und Pfeffer abschmecken. In der Vinaigrette abkühlen lassen, aber wie die Backen nicht im Kühlschrank. Auf einer großen Platte die Blätter des Friseesalates hübsch anordnen, den Linsensalat darauf verteilen und dann die in Fächer geschnittenen Schweinebacken.

Als Beilage passen Kartoffelplätzchen mit Speck (Seite 103) ausgezeichnet dazu.

Variation: Selbstgpökelte Schweinebacken können Sie auch jederzeit warm auf Sauerkraut servieren. In diesem Fall das Sauerkraut nur mit Zwiebel und Wacholder würzen und mit Riesling aufgießen. Keinen Speck mitkochen.

Rohkostsalate

Eine durchaus beliebte Vorspeise sind die Crudités – Rohkostsalate – die in allen Variationen angeboten werden. Als selbständige Vorspeise oder als farbenfrohe Begleiter von Pasteten, Quiches oder Fisch.

Karottenrohkost

Karotten schälen, nach Belieben grob oder fein reiben und mit den Saucenzutaten sanft würzen, also nicht in Essig und Öl ertränken, was für alle Rohkost gilt, denn die Sauce soll nur ein Begleiter des frischen Gemüses sein und niemals der Beherrscher. Auch sollen alle Rohkostsalate, wenn möglich, etwas ziehen und dann nochmals abgeschmeckt werden.

6 Karotten
milder Weißweinessig
Sonnenblumenöl
Salz und Pfeffer, eine Prise Zucker

Rote-Rüben-Salat

Die Roten Rüben kochen und nach dem Schälen würfeln, die Schalotten ganz fein hacken, den Apfel in kleine Stifte schneiden und alles mit den Saucenzutaten mischen.

5 rote Rüben, 2 Schalotten
1 saurer Apfel, Salz und Pfeffer
Rotweinessig, Sonnenblumenöl

Rotkrautsalat

Das Rotkraut ganz fein hobeln, in einer Schüssel mit Salz mischen, fest zusammendrücken und beschweren. 1–2 Stunden stehen lassen, nun den etwa ausgetretenen Saft ausdrücken und mit Pfeffer, Essig und Öl würzen, möglichst noch etwas stehen lassen und dann servieren, aber nicht aus dem Kühlschrank.

je nach Größe ½ oder ¼ Rotkrautkopf
Salz und Pfeffer
Rotweinessig, Olivenöl

Bohnensalat

600 g feine grüne Bohnen
einige Zweige Bohnenkraut
1 kleine Zwiebel, ganz fein gehackt
½ Bund Petersilie, fein gehackt
Salz, Pfeffer, Rotweinessig, Olivenöl

Die Böhnchen putzen und mit dem Bohnenkraut im Salzwasser kochen. Nicht zu lange, so daß die Bohnen noch leicht Biß haben. Abgießen und noch warm die Zwiebeln, Salz und Pfeffer, Essig und Öl, sowie die Petersilie dazugeben. Alles gut vermischen und fertig abkühlen lassen, jedoch nicht im Kühlschrank.

Champignonsalat

500 g fest geschlossene Champignons
3 Schalotten
Sherryessig, Olivenöl
Salz und Pfeffer

Die Champignons mit einem Tuch oder Pinsel putzen (niemals waschen), die Stiele auf Huthöhe abschneiden und die Champignons blättrig aufschneiden. Die Schalotten ganz fein hacken und mit der bereits verrührten Vinaigrette mischen, sanft unter die Champignons heben und sofort servieren, damit die Pilze kein Wasser ziehen und sich verfärben.

Geräucherte Entenbrust auf Champignonsalat

Viele Elsässer benützen nach wie vor ihre alten Räucherkammern oder Kamine. Als besonderes Schmankerl wird ab und zu eine Gans oder Ente geräuchert. Aber auch im Supermarkt kann man Teile von geräucherten Enten oder Gänsen kaufen.

1 geräucherte Entenbrust
die gelben Blätter von einem Kopfsalat,
einige Blätter vom Eichblattsalat
Champignonsalat nach dem voran-
gehenden Rezept, 1–2 Tomaten

Die Entenbrust immer im Kühlschrank aufbewahren, da sie sich nur kalt in dünne Scheiben schneiden läßt. Die Salatblätter dekorativ in die Mitte der Vorspeisenteller verteilen. Den Champignonsalat auf die grünen Blätter häufen und die dünn geschnittenen Entenbrustscheiben sternförmig drumherum. Die Tomaten entkernen und feine Spalten schneiden, die als Farbtupfer auf den Tellern verteilt werden.

Salate mit heißem Ziegenkäse

je nach Größe 4–8 runde,
feste Ziegenkäse
6 EL Kartoffelmehl, 2 Eier
Salz und Pfeffer
kleingehackter Schnittlauch
Sonnenblumenöl
verschiedene Blattsalate (Kopfsalat,
Frisee, Lollo Rosso, Eichblattsalat,
Feldsalat und andere)
2 entkernte und
in Streifen geschnittene Tomaten
Vinaigrette der Jahreszeit
entsprechend (Seite 114, 116)

Aus dem Kartoffelmehl, den Eiern sowie Salz, Pfeffer und Schnittlauch einen sämigen, nicht zu flüssigen Teig rühren. Eventuell noch etwas Wasser dazugeben. In einer Pfanne reichlich Öl erhitzen. Die Käse mit dem Teig ummanteln, in die Pfanne legen, und auf kleinem Feuer von beiden Seiten langsam braun braten. Die Blattsalate mit der Vinaigrette mischen, auf einer Platte anrichten und mit den Tomatenstreifen verzieren. Die braungebackenen Ziegenkäse darauflegen und mit Baguette servieren.
Variation: Im Frühjahr kann man diesen Salat noch mit frischen kleinen Spinatblättern verfeinern. Das ganze Jahr über kann man aber auch frische Kresse unter den Blattsalat mischen und ihm damit eine ganz eigene Note geben, die gut zu dem heißen Ziegenkäse paßt.

Salat mit gebackenem Münsterkäse und Speck

Diese Vorspeise ist herzhaft und schmeckt ganz besonders gut mit Wintersalaten.

Blattsalate (Endivie, Feldsalat,
Frisée, Scarole)
pro Person: 1 Scheibe Weißbrot
2 Scheiben Münsterkäse
2 EL kleingewürfelter Speck,
1–2 Zehen Knoblauch, Kümmel
Vinaigrette (Salatsauce für
den Winter Seite 116)

Den Backofen auf 200 °C vorheizen und die Weißbrotscheiben darinnen ganz leicht anrösten. Anschließend mit dem Knoblauch einreiben, dann mit den Münsterkäsescheiben belegen, Kümmel daraufstreuen und das Ganze auf ein gebuttertes Blech legen. Im Backofen lassen, bis der Käse sichtbar weich wird. In der Zwischenzeit die Speckwürfel in der Pfanne anbraten, den Salat mit der Vinaigrette mischen, auf Portionsteller verteilen, den Speck mit dem ausgelassenen Fett darübergeben und die gebackenen Käsebrote darauflegen.

Schnecken in Kräuterbutter

Schnecken sind eine der liebsten Vorspeisen der Elsässer, selbst die Kinder verspeisen sie mit Leidenschaft und tunken jeden Tropfen der Buttersauce auf. Früher sammelte man sie kurz nach einem Sommerregen selber in den Weinbergen und scheute in Vorfreude auf den Genuß auch nicht die langwierige Putzarbeit. Heute kann man sie in sehr guter Qualität in Büchsen kaufen. Am besten sind allerdings nicht die aus dem Elsaß, sondern die großen aus Burgund und die werden auch hier gerne gegessen. Wir servieren die Schnecken nicht in Häusern, da diese sich schlecht reinigen lassen, außerdem braucht man ein Extragerät, um sie herauszuholen. Daher verwenden wir Schneckenpfannen aus Keramik, die tiefe Löcher haben. So geht die Zubereitung ganz einfach. In jedes Loch legt man eine Schnecke füllt es mit Schneckenbutter auf und schiebt die Pfanne in das auf 220 °C vorgeheizte Backrohr. Dort läßt man sie solange, bis die Kräuterbutter richtig bruzzelt, ca. 10–15 Minuten. Sofort ganz heiß servieren und nicht vergessen: viel Baguette für die Sauce.

Schneckenbutter:
2 Bund Petersilie
4 Zehen Knoblauch
250 g Butter
Salz und Pfeffer
Petersilie und Knoblauch miteinander ganz fein hacken und mit Salz und Pfeffer in die weiche Butter einkneten. Kurz abschmecken, am besten auf einem Stück Baguette.

Von der Liebe des Elsässers zum Fisch wird noch berichtet, aber um das Kapitel der Vorspeisen abzurunden, nun noch einige Entrées mit Fisch.

Crêpes mit Lachs und Schnittlauchsauce

Die Béchamelsauce bereiten und mit 2 Eigelb und etwas Sahne verfeinern, die Hälfte des Schnittlauchs einrühren. Nun die Crêpes ausbacken. Auf jeden Teller einen Crêpe legen, die eine Hälfte mit Lachsscheiben bedecken und die andere Hälfte darüberklappen. Nun die heiße Béchamelsauce über den Crêpe geben und mit dem restlichen Schnittlauch bestreuen.

pro Person 1 großer Crêpe (Seite 109) und 3 Scheiben geräucherter Lachs Béchamelsauce (Seite 112) 2 Bund Schnittlauch in kleine Röllchen geschnitten

Spargel mit drei Saucen

Den Spargel als Köstlichkeit zu loben, ist wohl nicht mehr nötig. Umso glücklicher darf man sich schätzen, in einer fruchtbaren Gegend zu leben, wo Spargel gedeiht und frisch vom Bauern gekauft werden kann. Am liebsten ißt der Elsässer den Spargel mit drei Saucen und dazu Schinken.

1½–2 kg Spargel
3 EL Butter, Salz und 1 Prise Zucker

Vinaigrette aus:
Weißweinessig, Sonnenblumenöl
Salz und Pfeffer
2 hartgekochten und
kleingehackten Eiern
1 Bund Schnittlauch, kleingeschnitten

Mousseline aus:
4 Eigelb, 250 g Sahne, Salz und Pfeffer
Zitronensaft nach Geschmack

Frischgerührte Mayonnaise:
(Seite 113)

pro Person 1–2 Scheiben roher
Schinken und 1 Scheibe guten
gekochten Beinschinken

3 l Wasser in einem ausreichend großen Topf zusammen mit der Butter, dem Salz und dem Zucker erhitzen, die geschälten Spargelstangen dazugeben und weichkochen. In der Zwischenzeit die Vinaigrette aus den angegebenen Zutaten zusammenrühren und in eine hübsche Schüssel geben. Für die Mousseline die Eigelb und die Sahne in eine Metallrührschüssel geben und mit einem Schneebesen über siedendem Wasser so lange schlagen, bis die Sauce leicht cremig ist. Nun sofort in die schon bereitgestellte Sauciere umgießen und mit Pfeffer und Salz und dem Saft der Zitrone würzen. Wenn man möchte, kann man die Mousseline noch apart verfeinern, indem man ein Bund feinstgehackten Kerbel unterzieht. In die dritte Saucenschüssel gibt man die frischgerührte Mayonnaise. Nun richtet man den Spargel und die hauchdünnen Scheiben des rohen und gekochten Schinkens auf einer Platte an und serviert mit den 3 Saucen.

Variation: Nimmt man etwas mehr Spargel und dazu noch neue Kartoffeln in Petersilienbutter, so ist dieses Gericht eine köstliche Hauptmahlzeit für Spargelliebhaber.

Spargelsalat mit Brunnenkresse

Immer zur Spargelzeit wächst auch die Brunnenkresse an den vielen Bachläufen in den Nordvogesen. Diese beiden Zutaten ergeben die beste und schmackhafteste Frühjahrskur.

Den Spargel wenn möglich ein oder auch zwei Tage in der Vinaigrette ziehen lassen. 2–3 l Wasser mit Butter, Salz und Zucker würzen und zum Kochen bringen und den geschälten Spargel darin weichkochen. Vorsichtig herausheben und in ein schmales hohes Gefäß geben. Mit Salz, Pfeffer, Essig und Öl würzen und mit dem heißen Spargelwasser die Form auffüllen, so daß der Spargel reichlich bedeckt ist. Sauce nochmal abschmecken. Im Kühlen stehen lassen, aber wenn möglich nicht im Kühlschrank. Kurz vor dem Essen die Spargel aus der Vinaigrette fischen und auf eine große Platte oder auf die Teller anrichten. Die Blätter von der Brunnenkresse zupfen und in Streifen schneiden, einige schöne Ästchen zurückbehalten. Die geschnittene Kresse mit den kleingehackten Eiern vermischen. Die frischgerührte Mayonnaise mittig über den Spargelstangen verteilen, das Eier-Kräutergemisch darüberstreuen und mit den Brunnenkressezweigen dekorieren.

1½ kg Spargel
3 EL Butter
Salz und 1 Prise Zucker
Rotweinessig
Sonnenblumenöl
Salz und Pfeffer
1 Bund Brunnenkresse
3 hartgekochte Eier
frischgerührte Mayonnaise
(Seite 113)

Löwenzahnsalat

Sobald die ersten warmen Frühlingstage ins Land ziehen, sieht man überall auf den Feldern Menschen mit Körben oder Eimern und langen Messern. Sie stechen den Löwenzahn oder „Pissenlit". Diese Bezeichnung ist im Französischen eine wörtliche Anspielung auf die erhoffte Frühjahrsreinigung. Aber auch der leicht herbe Geschmack macht diesen Salat so beliebt. Gegessen wird der Löwenzahn vom Feld nur, solange er keine größeren Blütenknospen hat.

pro Person 5–6 Löwenzahnpflanzen
8 EL kleine Speckwürfel
4 hartgekochte Eier

Für die Vinaigrette:
Salz und Pfeffer, 1 TL Dijonsenf
1 kleine, feingewürfelte Zwiebel
1 durchgepresste Knoblauchzehe
Rotweinessig, Sonnenblumenöl

Den Löwenzahn gut putzen und die Vinaigrette mit dem Schneebesen gründlich verquirlen, den Salat vorsichtig in einer Schüssel damit vermischen und dekorativ auf die Teller verteilen. Die Eier würfeln und über den Salat streuen. Den Speck in einer Pfanne scharf anbräunen und kurz vor dem Servieren mit dem ausgelassenen Fett auf dem Salat verteilen.

Löwenzahnsalat mit Geflügelleber

pro Person 3–4 Geflügellebern
getrockneter Majoran
2 EL Butter
Salz und Pfeffer
2 EL Balsamikoessig

Den Löwenzahnsalat genau wie oben beschrieben auf den Tellern anrichten. In der Speckpfanne die Butter auf großem Feuer erhitzen und die mit Majoran bestreuten Leberstücke kurz von beiden Seiten anbraten. Nun leicht salzen und pfeffern, mit dem Essig löschen und auf kleinem Feuer noch kurz ziehen lassen, dann schnell auf dem Löwenzahnsalat anrichten und servieren.

Seezungenfilet auf Tomatenvinaigrette

Dieses Gericht ist eine köstliche Vorspeise im Sommer, wenn die Tomaten am besten sind und das Essen leicht sein soll.

pro Person 1–2 Forellenfilets
Zitronensaft, Mehl, 50 g Butter
3 geschälte Tomaten
Salz und Pfeffer
Rotweinessig, Olivenöl
1 Bund Schnittlauch feingeschnitten

Die Seezungenfilets salzen, mit Zitronensaft beträufeln und ziehen lassen. Jetzt die in kleine Würfel geschnittenen Tomaten in einer Schüssel mit Essig, Öl, Salz, Pfeffer und dem Schnittlauch mischen. Die Tomatenvinaigrette auf die Teller verteilen. Die Seezungenfilets in Mehl wenden, dann in Butter ausbraten und auf die Vinaigrette legen. Das alles nochmals mit etwas Schnittlauch bestreuen und mit Baguette servieren.

Salat mit verschiedenen Fischen

verschiedene Blattsalate
1 Knolle Fenchel, dünn aufgeschnitten
3 Tomaten, entkernt und in feine
Streifen geschnitten
Kräutervinaigrette (siehe Seite 114)
pro Person ca. 150–200 g
verschiedene Meeresfische und -tiere
wie Seezunge, Seeteufel, Lachsfilet,
Jakobsmuscheln, Scampi oder Krebse
Butter zum Ausbraten
frischgerührte Mayonnaise (Seite 113)

Den geputzten und zerpflückten Salat auf Teller oder auf einer großen Platte verteilen und den Fenchel und die Tomaten darüberstreuen. Die Fische in kleinere Stücke portionieren, salzen und mit Zitronensaft beträufeln. Nun die Vinaigrette auf dem Salat verteilen, alle Meerestiere in Butter braten, direkt aus der Pfanne auf und an den Salat legen und Mayonnaise darauf verteilen. Mit warmem Toast servieren.

Variation: Dieser Salat läßt sich ebensogut mit verschiedenen Süßwasserfischen zubereiten.

Salat vom Räucherlachs mit frischen Champignons

Die Lachsscheiben in ca. 1 cm breite Streifen und die Champignons feinblättrig schneiden und in einer flachen Schüssel lagenweise den Lachs, die Champignons, Zwiebeln und Dill schichten, Zitronensaft, Öl, Salz und Pfeffer gut vermischen und jede Schicht damit beträufeln. Etwa ¼ Stunde ziehen lassen, dann vorsichtig mischen und nochmals abschmecken. Auf dekorativen Salatblättern anrichten und mit frischgehacktem Dill bestreuen.

400 g Räucherlachs
300 g feste Champignons
2 Schalotten, fein gehackt
1 Bund Dill, kleingehackt
Salz, Pfeffer, Saft von 1–2 Zitronen
Sonnenblumenöl

Hechtklößchen in Weißweinsauce

Hechtklößchen sind eine ganz zarte, leichte Vorspeise, die auf der Zunge zergeht.

Hechtfleisch, Eier, Crème fraîche und eine Rührschüssel schon beizeiten in den Kühlschrank stellen, damit alles so kalt wie möglich ist. Butter bei Zimmertemperatur weich werden lassen. Das Hechtfleisch mit etwas Fischfond in den Mixer oder durch die feinste Scheibe des Fleischwolfs geben. Danach durch ein Sieb streichen, damit die letzte Gräte entfernt ist. Jetzt die Eigelb langsam in die Fischmasse rühren und die geschlagenen Eiweiß vorsichtig unterheben, die Crème fraîche einarbeiten salzen und pfeffern, zu guter Letzt kommt die weiche Butter. Alle Zutaten unter ständigem Rühren schrittweise zugeben. Nun den Boden eines weiten Topfes mit Butter bestreichen, mit dem Löffel Fischklößchen formen, auf den Topfboden setzen und den warmen Fischfond darübergießen. Langsam erhitzen und dann ca. 5 Minuten ziehen lassen. Mit der vorab angesetzten Weißweinsauce einen Spiegel auf die Teller geben und die Klößchen daraufsetzen, alles mit Schnittlauch bestreuen.

500 g Hechtfleisch ohne Gräten
3 Eigelb
2 Eiweiß
250 g Crème fraîche
40 g Butter
Salz und Pfeffer
wenn möglich 1 l Fischfond,
sonst geht auch Salzwasser
Weißweinsauce (Seite 113)
1 Bund Schnittlauch in kleine
Röllchen geschnitten

Fleischgerichte und Gerichte für jeden Tag

Im Elsaß lebt auch heute noch ein großer Teil der Bevölkerung von dem, was das Land hervorbringt. Im Süden ist es der Wein- und Gemüseanbau, die großen Krautfelder rund um Geispolsheim, weiter nördlich die Landwirtschaft mit Tabak, Mais und auch Hopfen, der Spargel gedeiht in Hoerdt. In den Vogesen wird Holzwirtschaft betrieben und auf den Almen finden sich Weiden für die Rinder, Voraussetzung für die Produktion des köstlichen Münsterkäses. Und auf allen Feldern und Wiesen stehen Obstbäume. Oft sieht man die Spuren des Traktors, die in sorgfältigen Bögen rund um so einen prächtigen Baum verlaufen. Denn aus dem kostbaren Obst wird der Schnaps gebrannt, wenigstens solange der Opa lebt, der noch das Brennrecht hat. Jeder kleine Ort hat seinen Obstverein und die Ausstellungen im Herbst zeugen von der Leidenschaft, mit der Gemüse und Früchte kultiviert werden. Seit alters her war es so und die Freude des Elsässers am Genießen wird vermutlich dafür sorgen, daß das noch lange so bleibt.

Viele Elsässer auf dem Land haben nach wie vor hinter dem Haus einige Ställe mit Hasen und Hühnern, Gänse und Enten werden großgezogen und manchmal steht „in Bütt" noch die Sau. Vor nicht zu langer Zeit hatte ein Metzger im Dorf noch einen guten Nebenerwerb, wenn er am Samstag reihum zum Schlachten ging. Dann hingen die Schweinehälften an der Schuppenwand und es wurde all das hergestellt, was zum schönen Leben gehört, die Blut- und Leberwurst, das Geräucherte und Geselchte zum Sauerkraut und natürlich die hochgeschätzte Fleischwurst. Wenn sie am Stammtisch davon erzählen, wie gut die Fleischwurst

von dem leider verstorbenen alten Metzger Betzold war, dann wird die Trauer um alles Vergangene fast unerträglich.

Alle Elsässer Wurstwaren werden aus Schweinefleisch gemacht und wie bei den Nachbarn in Deutschland wird hervorragend geräuchert, was im übrigen in Frankreich weniger üblich ist. Was nun den großen Braten angeht, so wird der nur am Sonntag serviert und es ist dann gerne ein Schweinebraten, am nächsten Sonntag ist vielleicht ein Hase dran und kurz darauf sind ein Gockel oder eine Taube im Topf. Das Sonntagsmahl ist immer so reichlich, daß auch am Montag noch ein Gericht davon abfällt.

Schweinebraten mit Knoblauch

2 kg Schweinefleisch von der Schulter oder vom Schlegel
Öl zum Anbraten
4 Knoblauchzehen
4 Karotten
2 Stangen Lauch
¼ Sellerieknolle
3 Schalotten
2 Lorbeerblätter
Salz und Pfeffer
Butter für die Bratreine

Das Schweinefleisch kurz und heiß in der Pfanne in etwas Öl anbraten, danach salzen und pfeffern und mit 2 zerdrückten Knoblauchzehen einreiben. Nun in einer mit Butter eingefetteten Bratreine in den vorgeheizten Backofen (200 °C) schieben und ca. 10 Minuten anbraten lassen. Jetzt das kleingeschnittene Gemüse, die blättrig geschnittenen Knoblauchzehen, und die Lorbeerblätter (Marie-Rose nennt sie Kochblattl) daraufgeben. Nochmals 10 Minuten braten lassen. Jetzt den Schweinebraten hochheben und umdrehen, das Gemüse gleichmäßig auf dem Boden der Reine verteilen und den Braten wieder darauflegen. Wieder 10 Minuten im Rohr braten lassen und dann erst damit beginnen, den Braten mit Wasser abzulöschen. Immer wieder einkochen lassen und immer wieder nachgießen. Die Bratzeit beträgt ca. 2 Stunden. Nun den Braten auf einer Platte warmstellen, zur Sauce einen Schuß Weißwein geben und aufkochen lassen. Den Braten aufschneiden und die Sauce teilweise darübergeben, den Rest extra reichen, mit Gemüse und Bratkartoffeln servieren.

Schweinefilet auf Zucchinibett

Dieses Gericht muß man im Sommer kochen, wenn man sein Auto im Elsaß nicht offen stehen lassen kann, weil einem jeder Nachbar von der überreichen Ernte der Zucchini gerne etwas abgeben möchte.

Die Zucchini in dünne Scheiben schneiden und zusammen mit den Schalotten und den blättrig geschnittenen Knoblauchzehen in einer großen Pfanne in Butter und Olivenöl anbraten, unter mehrmaligem Wenden dünsten, salzen und pfeffern und mit dem Weißwein löschen. Nun noch köcheln lassen, bis die Flüssigkeit verdampft ist, dann in eine gläserne Auflaufform oder eine aus Porzellan schichten. Die kurz und scharf angebratenen Filetscheiben salzen und pfeffern und darauf verteilen. Jetzt eine Béchamelsauce rühren, vom Feuer nehmen und etwas abkühlen lassen und die 3 Eigelb und den Parmesan unterziehen. Drei steif geschlagene Eiweiß und das Basilikum-Knoblauchgemisch vorsichtig unterheben, nochmal mit Salz und Pfeffer abschmecken und auf die Filetscheiben verteilen. Die geschälten Tomatenviertel als dekoratives Muster in die Souffléemasse drücken, den Auflauf in das vorgeheizte Backrohr schieben und bei 200 °C backen, bis die Souffléehaube schön goldgelb ist. Mit Baguette servieren.

2 Schweinefilets in Medaillons geschnitten
5–6 möglichst kleine feste Zucchini
3 Schalotten, in dünne Scheiben geschnitten
2 Knoblauchzehen, Pfeffer und Salz
2 EL Butter und 4 EL Olivenöl
1 Glas trockener Weißwein
Béchamelsauce (siehe Seite 112)
3 Eier
1 Bund Basilikum und 2 Zehen Knoblauch, zusammen kleingehackt
1 kleine Tasse geriebenen Parmesan

Schweinefilet mit Speck und Lorbeer

Die Schweinefilets salzen und pfeffern und im heißen Öl von allen Seiten anbraten, dann auf kleingestelltem Feuer ca. 10 Minuten dünsten, dabei einmal umdrehen. Nun die Schweinefilets in Alufolie packen und warmstellen. In der Pfanne den Speck anbraten, die Lorbeerblätter dazugeben, mit dem Weißwein löschen. Kurz einköcheln lassen, die Sahne dazu, wieder etwas einköcheln lassen, nochmal mit Salz und Pfeffer abschmecken. Jetzt die Schweinefilets in die Sauce legen und ca. 5 Minuten auf kleinem Feuer ziehen lassen. Die Filets fächrig aufschneiden, die Sauce darübergeben, mit Salat und Pommes Frites servieren.

2 Schweinefilets
100 g kleingewürfelter Speck
4 Lorbeerblätter
Salz und Pfeffer
Öl zum Anbraten
1 Glas Riesling
¼ l Sahne

Choucroute royale

Das Sauerkraut – und danach kommt nichts mehr. Diese Meinung vertreten wenigstens viele Elsaßbesucher. Obwohl wir natürlich wissen, daß noch sehr viel danach kommt, ist es doch ein elsässisches Nationalgericht. Wenn es im Restaurant „Choucroute royale" gibt, zum Beispiel im Winter und für eine große Gruppe, dann setzt ein Schmausen ein, dann entwickelt sich eine Wärme vom Essen und den Essern, daß alle Fenster beschlagen. Spätestens jetzt wird einem endgültig klar, daß der Elsässer fähig ist, unwahrscheinliche Portionen in aller Ruhe und mit viel Genuß zu vertilgen.

Natürlich nicht ohne die nötige Menge Riesling oder Sylvaner, und weil das so ist mit dem Choucroute, ist es wohl das einzige Essen, vor dem niemals ein Entrée gereicht wird, alle Kraft konzentriert sich auf das Choucroute.

1½ kg Sauerkraut
1 große Zwiebel, kleingewürfelt
2 EL Butter oder Schmalz
3 Lorbeerblätter
10 Wacholderbeeren und
1 kleine Zwiebel mit 3 Nelken besteckt
Riesling

Beim großen, oder königlichen Choucroute ist es wichtig, daß möglichst vielerlei auf und um das Kraut liegt. Ich zähle jetzt mal auf, was das alles so sein kann, und dann möge sich jeder das aussuchen, was ihm behagt. Normalerweise müßte es reichen, wenn pro Person ungefähr 300–400 g Fleisch und Wurst gerechnet wird, ich nehme hier im Elsaß aber mindestens 450 g pro Kopf, und sicherheitshalber noch ein bißchen mehr. Alle Fleischsorten werden mit dem Kraut mitgekocht.

Unbedingt dabei sein muß ein Stück geräucherter Bauchspeck, sowie die sogenannten „Wädele", das sind gepökelte Schweinshaxen. Zusätzlich kann man unter folgenden Fleischstücken die Auswahl treffen: Schäufele, geräucherte Stücke von der Schweineschulter und ebenso gepökelte Schweineschulter, und eventuell noch ein Stück frischer Schweinebauch.

All das wird mit dem Kraut gekocht und dann in Scheiben oder Stücken auf das Kraut gelegt. Daraus ergibt sich, daß der Topf möglichst groß und breit sein muß, um all die Schätze zu fassen.

In einem eigenen Wassertopf warmgemacht werden die verschiedenen Würste: Wiener, die hier Straßburger genannt werden, dann die Dicken und außerdem noch die „Montbeliard". Geschmackssache sind die Blutwürste. Zu guter Letzt

gehören noch die „Lewerknepfle" dazu, die die letzten 10 Minuten zum Erwärmen auf das Kraut gelegt werden. Hier im Elsaß kann man sie bei jedem guten Metzger fertig kaufen (Rezept Seite 54).

Nun zum Kraut. Es wird in reichlich kaltem Wasser gewaschen und abgegossen. In dem großen Topf die Zwiebeln leicht in dem Fett anschwitzen, das Kraut dazugeben, kurz unter Rühren andünsten lassen. Die Lorbeerblätter und Wacholderbeeren, sowie die Nelkenzwiebel dazugeben und mit Wasser und Riesling aufgießen, bis das Kraut knapp bedeckt ist. Jetzt alle die obengenannten Fleischstücke dazugeben. Wenn das Kraut zum Kochen kommt, das Feuer ganz klein stellen und leise noch ca. 1½ Stunden köcheln lassen. Bei Bedarf Weißwein nachgießen. Alles auf großen Platten mit Salzkartoffeln servieren.

Gefüllter Saumagen

Dieses Rezept ist von Marie Therese, die gerne Saumagen macht, wenn die Familie zusammenkommt, und dann sind selten weniger als 20 Leute beisammen.

Die Kartoffeln und das Fleisch in kleine Würfel schneiden und mit Salz, Pfeffer und Nelkenpuder, den Zwiebeln, dem Wirsing, den Knoblauchzehen und der Petersilie gut vermischen. Das alles in den Schweinemagen füllen und die beiden Enden mit Küchenfaden sehr gut verschließen. Den Magen in reichlich Salzwasser mit dem Bouquet garni ca. 3 Stunden leise kochen. Nun vorsichtig herausholen, etwas abkühlen lassen, mit Butter bestreichen und im auf 200 °C vorgeheizten Backofen schön braun braten. Mit gemischten Blattsalaten servieren.

Variationen: In manchen Familien liebt man den Wirsing nicht, da gibt man zu dem Saumagen lieber Grieben. Das sind ca. 200 g Würfel aus grünem Speck, die in sehr heißer Pfanne rösch gebraten werden.

1 Saumagen
1 kg Kartoffeln, festkochend, in der Schale gekocht und abgekühlt
500 g gepökelter Schweinebauch
500 g gepökelte Schweineschulter
¼ Wirsing, ganz klein geschnitten
2 Zwiebeln, kleingewürfelt
2 Zehen Knoblauch kleingehackt
1 Handvoll gehackte Petersilie
Salz, Pfeffer, etwas gemahlene Nelke
1 Bouquet garni aus Petersilienzweigen, Lorbeerblättern und 4–5 Zweigen Thymian

Der Bäckeoffe

Der Bäckeoffe ist ein jüngeres Gericht und erst seit Ende des vorigen Jahrhunderts Brauch geworden. Er wurde erfunden, damit die Hausfrau am Waschtag nicht am Herd stehen mußte und doch ein nahrhaftes Gericht auf den Tisch brachte. Um es traditionsgemäß zu kochen, benötigt man die typisch elsässische Bäckeoffe-Form mit Deckel und Blumendekor, wie sie in dem Töpferort Soufflenheim so vielfältig hergestellt wird. Ursprünglich trug man die Steingutform festverschlossen zum Bäcker, bevor man zum dörflichen Waschhaus ging. Nach Beendigung der Wäsche wurde das im Ofen des Bäckers gebackene Gericht – daher der Name – wieder abgeholt. Natürlich gibt es genügend Varianten des Bäckeoffens, ich gebe hier das Rezept einer Hausfrau wieder, die ausdrücklich dazugesagt hat: „… dies is der vrai Baeckeoffe!"

Für die Marinade:
2–3 Zehen Knoblauch
3 Schalotten, halbiert
1 Bouquet garni aus Lorbeerblättern,
3 Zweigen Petersilie und 3–4 Zweigen
Thymian, Salz und Pfeffer
¾ l Riesling

500 g Schweineschulter
500 g Lammschulter
500 g Brustkern vom Rind
1½ kg festkochende Kartoffeln
300 g in dünne Scheiben geschnittene
Zwiebeln
3 Stangen Lauch, nur das Weiße in
dünne Scheiben geschnitten

Das in gleichmäßige Würfel geschnittene Fleisch in der Marinade über Nacht ziehen lassen. Am nächsten Tag in die Tonform zuerst eine Schicht in Scheiben geschnittene Kartoffeln, dann eine Schicht Fleisch, dann eine Schicht Zwiebelringe und Lauchringe, abschließend etwas salzen und pfeffern. Wieder Kartoffelscheiben, Fleisch usw. bis am Schluß eine Schicht Kartoffelscheiben alles abschließt. Nun die Marinade, ohne die Zwiebeln und die Knoblauchzehen, darübergießen, das Bouquet garni obenauf legen, den Deckel schließen und mit einem dicken Mehlteig die Fuge zukleben. Die Form in das auf 170 °C vorgeheizte Backrohr schieben und 2½ Std bei 150 °C garen lassen. In der Form auftragen und mit Salat und einem Sylvaner oder Pino blanc verspeisen.

Bäckeoffe mit Sommergemüsen

Sollten Sie nun eine schöne Bäckeoffeform besitzen, wäre es doch schade, wenn sie nicht häufiger genutzt wird. Hier eine bei uns in der Familie sehr beliebte Sommervariante des Bäckeoffe.

Am Tag vorher marinieren sie das Lammfleisch mit den im Olivenöl vermischten Kräutern und stellen es abgedeckt kalt. Die Sommergemüse miteinander vermischen und den Bäckeoffe wie folgt bestücken: Als erstes den Boden mit den 10 Speckscheiben auslegen, nun eine Schicht Gemüse darauf, gefolgt von einer Schicht Fleisch, die man salzt und pfeffert. Das Fleisch wird mit Tomatenscheiben abgedeckt, dann wieder Gemüse und so weiter, den Abschluß bildet eine Schicht Tomaten, die wieder mit 10 Scheiben Speck zugedeckt werden. Die Fleischbrühe aufgießen. Das Rohr auf 170 °C vorheizen, den Bäckeoffe mit einem dicken Mehlteig fest verkleben und bei 140 °C ca. 3 Stunden garen.
Statt Fleischbrühe kann man auch einen Viertelliter Rotwein aufgießen.

Variation für den Winter: Das Lammfleisch mit Knoblauch und Petersilie marinieren. Als Gemüse nimmt man Weißkraut und Karotten und an Stelle der Tomatenscheiben deckt man die Fleischschicht mit Zwiebelringen ab. Aufgegossen wird mit Weißwein und saurer Sahne, die miteinander verquirlt sind.

1½ kg Lamm von der Schulter
oder von der Keule, in große Würfel
geschnitten
1 Bund Petersilie
2 EL frische Thymianblättchen
1 EL frische Rosmarinnadeln
3 Zehen Knoblauch,
alles zusammen kleinhacken
1 Tasse Olivenöl

20 Scheiben geräucherter Bauchspeck
10 Tomaten, in Scheiben geschnitten
Salz und Pfeffer
Ca. 2–2½ kg kleingeschnittenes
Sommergemüse z. B.: grüne Bohnen,
frische Bohnenkerne, Karotten,
Zucchini, Lauch, Kohlrabi, Brokkoli
und auch Blumenkohl und was sonst
noch unterkommt
¼ l Fleischbrühe

Pot au Feu

Das Pot au Feu, auf deutsch Tellerfleisch, ist wohl das älteste traditionelle Gericht im Elsaß. Schon im 17. Jahrhundert wurde es in Straßburger Klöstern mindestens einmal die Woche auf den Tisch gebracht. Vorher gab es die ach so geliebte Markknöpflesupp und dann das köstliche Fleisch mit dem groben Salz und vielen kleinen Salaten. Sieben sollten es mindestens sein, aber kein grüner Salat, sondern nur Salate aus rohem und gekochtem Gemüse. Viele davon habe ich schon in dem Kapitel der Vorspeisen erwähnt, dazu kommt noch der Salat aus Meerrettich, oder einfach ein Schale voll frisch geriebenem Meerrettich, und der Rotkrautsalat.

Viele Jahrhunderte war das Pot au Feu auch das Gericht, das es bei jeder Taufe, Kommunion oder aber auch bei der Beerdigung gab. Bei ganz großen Essen waren die Markknöpflesupp und das Pot au Feu Vorspeisen vor Fleischpastete und Braten, denn es ist leicht und belastet, wenigstens nach althergebrachter Elsässer Ansicht, nicht den Magen. Heute wird das Pot au Feu auch als Hauptgericht akzeptiert und man ißt gerne Bratkartoffeln dazu. Das Rezept findet sich bei der Fleischsuppe (Seite 20)

Meerrettichsalat

Die Meerrettichwurzel schälen und fein reiben. Anschließend den Saft ausdrücken und kurz in kochender Fleischbrühe blanchieren. Nochmals ausdrücken und mit den übrigen Zutaten anmachen. Die Zugabe von Mayonnaise ist Geschmackssache.

1 Meerrettichwurzel
Weißweinessig
Sonnenblumenöl
Salz, Pfeffer

Marinierte Lammkoteletts mit weißen Bohnen

pro Person 2–3 Lammkotletts
1 kleine Tasse Olivenöl
3 Knoblauchzehen, 4 Zweige frisches
Rosmarin, ½ Bund Petersilie,
4 Zweige frischer Thymian,
alles zusammen fein gehackt
Salz und Pfeffer
1 Tasse geräucherter, gewürfelter Speck
1 große Zwiebel, gewürfelt
1 EL Butter
2 Knoblauchzehen, blättrig geschnitten
300 g weiße Bohnen, am Vortag
bereits in Wasser eingeweicht
3 geschälte/gewürfelte Tomaten
1 TL getrockneter Thymian
1 Bouquet garni (3 Zweige Thymian,
3 Zweige Petersilie und Lorbeerblätter)

Die Knoblauchzehen, die Kräuter, Salz und Pfeffer mit dem Olivenöl mischen, die Lammkoteletts mit der Paste einreiben und ruhen lassen.

Die Speckwürfel, die Zwiebel und den Knoblauch in etwas Butter andünsten, die Bohnenkerne ohne das Einweichwasser dazugeben, unter Rühren zum Kochen bringen. Nun die Tomatenwürfel dazugeben, sowie den Löffel Thymian. Mit Wasser aufgießen, daß die Bohnen gerade bedeckt sind, das Bouquet garni dazugeben und mit geschlossenem Deckel auf ganz kleinem Feuer ca. 1 Stunde köcheln lassen. Wenn die Bohnen schön weich sind, mit Salz und Pfeffer abschmecken.

Nun die Lammkotletts ganz sanft in der Pfanne braten, und zum Servieren auf die weißen Bohnen legen. Nur Baguette dazu.

Variation: Diese Lammkotletts schmecken auch hervorragend zu Portweinzwiebeln. 20 Schalotten in dünne Scheiben schneiden und in roten Portwein einlegen, daß sie gut bedeckt sind. Ziehen lassen. Die Zwiebeln abgießen, den Portwein aber aufheben und die Zwiebeln in Butter andünsten, ganz sanft, daß sie nicht braun werden, nun mit dem abgegossenen Portwein aufgießen, einköcheln lassen und noch einmal mit Portwein aufgießen und einköcheln lassen, salzen und pfeffern. Lammkoteletts auf vorgewärmte Teller an die Portweinzwiebel legen.

Lammkeule mit grünen Bohnen und Grilltomaten

Die Lammkeule mit einem spitzen, scharfen Messer von der Haut befreien und rundum pfeffern und salzen. In etwas Öl anbraten und in eine gebutterte Reine geben, ins vorgeheizte Backrohr schieben und bei 150 °C ca. 15 Minuten schmoren lassen.

In der Zwischenzeit das Fett aus der Pfanne in ein Schüsselchen schütten, den Rotwein, die Kräuter und die ganzen Knoblauchzehen in die Pfanne geben und köcheln lassen. Haben Sie keine Angst vor dieser Menge Knoblauch, wenn es schöne feste frische Zehen sind, werden Sie über den milden Geschmack begeistert sein. Wenn die Flüssigkeit ganz verdunstet ist, mit Fleischbrühe aufgießen, nochmals gut aufkochen lassen und über die Lammkeule geben. Nun das Backrohr auf 170 °C einstellen, und die Reine abdecken, entweder mit einem passenden Deckel oder mit Alufolie. Ca. 30 Minuten schmoren lassen, dann die Zwiebeln in dem Anbratfett rundum bräunen und zu der Keule dazugeben, wenn nötig nochmals etwas Fleischbrühe nachgießen und ohne Abdeckung ca. 30 Minuten weiter schmoren. Die Keule in Scheiben schneiden, einen Teil der Sauce mit den ganzen Knoblauchzehen und Schalotten darübergeben, den Rest getrennt dazu servieren. Auf einer eigenen Platte die Speckbohnen (Seite 93) und die überbackenen Tomaten (Seite 93) anrichten. Sehr gut schmeckt als Beilage ein Gratin Dauphinois (Seite 105).

Variation: Im Sommer schmeckt diese Lammkeule hervorragend, wenn Sie mit den Zwiebeln noch ca. 8 Tomaten, gehäutet und geviertelt dazugeben.

1 Lammkeule
3 Zweige frischen Rosmarin
4 Zweige frischen Thymian
20 Zehen Knoblauch
von bester Qualität
20 kleine Schalotten, geschält
Sonnenblumenöl
Butter
1 Glas Rotwein
Fleischbrühe
Salz und Pfeffer

Nun noch zum Kalbfleisch, eigentlich sehr selten auf dem Speisezettel der Elsässer, und doch sehr beliebt bei besonderen Anläßen. Gerade wenn ältere Leute einen Geburtstag feiern wollen, bestellen sie gerne Kalbfleisch.

Kalbshaxe mit Rosmarin und Salbei in Riesling

2 Kalbshaxen (Hinterhaxen),
für 6 Personen
10 Blatt frischen Salbei
4 Zweige frischen Rosmarin
10 Knoblauchzehen geschält
10 Schalotten geschält
¼ l Riesling, Fleischbrühe
10 geschälte und geviertelte Tomaten
Öl und Butter
Salz und Pfeffer

Die Kalbshaxen in etwas Öl anbraten, salzen und pfeffern und in die gebutterte Reine geben, in das vorgeheizte Rohr schieben und schmoren lassen. Nun die Schalotten, die Knoblauchzehen und die Kräuter in die Pfanne geben und mit dem Riesling köcheln lassen, bis er auf die Hälfte reduziert ist. Alles über die Kalbshaxen gießen und diese bei 180 °C weiterschmoren lassen, bei Bedarf immer wieder etwas Fleischbrühe aufgießen. Nach 1 Stunde die Tomaten dazugeben und weitere 30 Minuten im Rohr lassen. Die Sauce nochmals abschmecken, die Kalbshaxen vom Knochen lösen, in Stücke schneiden, auf eine vorgewärmte Platte legen und die Sauce darübergeben. Dazu eine große Schüssel gemischten Blattsalat und Spätzle (Seite 106) servieren.

Kalbsrouladen auf Steinpilzsauce

pro Person 2 hauchdünn
geschnittene Kalbsschnitzel
(vom Metzger schneiden lassen)
2 Bund Petersilie und 2–3 Zehen
Knoblauch miteinander kleingehackt
30 g getrocknete Steinpilze
500 g frische Champignons
blättrig geschnitten

Als erstes die Steinpilze in lauwarmem Wasser abspülen und dann in lauwarmem Wasser einweichen. Die Kalbsschnitzel etwas klopfen, salzen und pfeffern und mit einem Teil des Petersilie-Knoblauch-Gemischs bestreuen, nicht zu dünn. Mit einigen Scheiben Champignon und etwas rohem Schinken belegen, einrollen und mit Zahnstochern feststecken. In einer Pfanne die Butter und das Olivenöl erhitzen, die Kalbsrouladen anbraten und auf kleinerem Feuer unter mehrmaligen Wenden noch ca. 5 Minuten braten lassen. Dann ins vorgeheizte Rohr geben und mit Alu-Folie abgedeckt bei 100 °C stehen lassen.
Nun in der Pfanne die Schalotten andünsten, die ausgedrückten Steinpilze – das

Einweichwasser aufbewahren – und den Rest der Champignons dazugeben, salzen und pfeffern und unter ständigem Wenden dünsten. Den Rest des Petersilie-Knoblauch-Gemischs dazugeben und mit dem Einweichwasser der Steinpilze ablöschen. Auf kleinem Feuer einköcheln lassen, mit einer Tasse Fleischbrühe löschen, zur Hälfte einkochen lassen, mit Sahne aufgießen, und nochmals auf die Hälfte reduzieren. Die Kalbsrouladen aus dem Rohr holen – sie sind in dieser Zeit gar geworden – in die Sauce legen und ziehen lassen. Die Sauce auf eine Platte geben, die Rouladen von den Zahnstochern befreien und darauflegen. Dazu Salat und Nudeln (Seite 106).

100 g roher Schinken in klitzekleine
Würfelchen geschnitten
2 Schalotten, fein gehackt
2 EL Butter und 5 EL Olivenöl
1 Tasse Fleischbrühe
¼ l Sahne,
Salz und Pfeffer

Fleischknepfle in weißer Sauce

Als erstes den Sud mit den angegebenen Zutaten aufkochen und dann leise weiterköcheln lassen. In der Zwischenzeit die Zwiebel in etwas Butter andünsten und mit dem Hackfleisch, dem Brot und den Gewürzen sowie der Hälfte der gehackten Petersilie mischen. Die 2 Eier dazugeben und wenn nötig noch 2 EL Mehl. Alles gut durchkneten und stehen lassen. Nach 1 Stunde Kochzeit die Kräuter und Knochen mit einer Schöpfkelle aus dem Sud fischen, das zu kleinen Knödeln geformte Hackfleisch hineinlegen und ca. 10 Minuten auf kleinem Feuer sieden lassen. Für die Soße in einem glatten Topf 50 g Butter und 50 g Mehl anschwitzen, mit dem Sud löschen und langsam aufgießen, bis eine dicke, cremige Sauce entsteht. 3 Eigelb und ¼ l Sahne verquirlen, in die Sauce geben und den Rest Petersilie dazugeben. Nicht mehr kochen lassen, die Knödel einlegen und mit Kartoffelpürée und Salat servieren.

Variation: Mit dem gleichen Sud kann man auch größere Würfel von Kalbsschulter und Schlegel kochen. Dann hat man mit der gleichen weißen Sauce wie oben beschrieben, das im Elsaß sehr beliebte „Blanquete de Veau", Kalbsragout. Angereichert wird dieses Ragout noch mit 200 g Erbsen (gefroren) und einigen in Scheiben geschnittenen Champignons.

700 g Hackfleisch vom Kalb,
beim Metzger durchdrehen lassen
2 Scheiben Toastbrot, fein zerbröselt
2 Eier, 1 Zwiebel, kleingewürfelt
2 Bund Petersilie, kleingehackt
½ TL getrockneter Thymian, Pfeffer
und geriebene Muskatnuß

Für den Sud:
Einige Kalbsknochen
1 Bouquet garni, (4 Zweige Thymian,
4 Zweige Petersilie, 3 Lorbeerblätter)
2 Zwiebeln mit je 3 Nelken besteckt
½ l Riesling, 1 l Wasser, Salz und Pfeffer

Für die Sauce:
50 g Butter, 50 g Mehl
3 Eigelb und ¼ l Sahne

Lewerknepfle

Das folgende Rezept ist vom Metzger Lang in Reichshoffen, einem Metzger der alten Schule, der großen Wert auf die traditionelle Bereitung von Wurst und Fleischwaren legt. Wegen seiner „Lewerknepfle" und „Lewerworscht" kommen die Leute von weit her.

700 g Schweineleber
250 g frischer Schweinebauch
2 kleinere Zwiebeln, 3 Knoblauch-
zehen und 1 Bund Petersilie,
alles zusammen kleingehackt
3 EL Butter, 3 Eier, 2–3 EL Mehl
2–3 EL Hartweizengrieß
Salz, Pfeffer, geriebene Muskatnuß
und Majoran
150 g Croutons (Brotwürfel)
2 in Scheiben geschnittene Zwiebeln
2 Handvoll geräucherte Speckwürfel
3 EL Butter

Die Leber und den Schweinebauch in Stücke schneiden. Die Zwiebeln, den Knoblauch, die Petersilie in 3 EL Butter andünsten, aber nicht braun werden lassen, zu den Fleischwürfeln dazugeben, mischen und alles zusammen durch den Fleischwolf drehen. Anschließend die Eier, das Mehl und den Grieß zu der Farce geben, mit den Gewürzen abschmecken. Aus der Farce mit einem Suppenlöffel in der nassen Hand kleine längliche Knepfle formen, einen Probekloß in kochendem Salzwasser kochen. Wenn er auseinanderfällt, noch etwas Mehl in die Farce einarbeiten. Die Knepfle sind gar, wenn sie an die Oberfläche kommen und noch 5 Minuten auf kleinem Feuer gezogen haben.

In der Zwischenzeit die Butter erhitzen, die Zwiebelscheiben und die Speckwürfel andünsten, die Croutons dazugeben und über die auf einer Platte angerichteten Lewerknepfle geben. Dazu reicht man grünen Salat und Feldsalat, manche essen aber auch in Speck und Zwiebeln gebratene Kartoffeln dazu.

Wie schon erwähnt, ißt man im Elsaß während der Woche eher einfache aber deftige Gerichte. Hier nun einige Beispiele dieser köstlichen Speisen für jeden Tag, die alle mit viel Salat gegessen werden. Gab's am Sonntag Pot au Feu, lassen sich aus den Resten die bei allen – und ganz besonders bei den Kindern – so beliebten Fleischnüdles herstellen. Daß dieses Gericht für einen gewöhnlichen Montag sehr arbeitsintensiv ist, sagt ein Name, der dafür in manchen Familien gebräuchlich ist: „Muatta tummle di". Denn tummeln muß sie sich, damit dieses Essen auch um 12 Uhr auf dem Tisch steht.

Fleischnüdle

Aus den angegebenen Zutaten einen Nudelteig kneten und ihn mit Folie bedeckt ½ Stunde ruhen lassen. Die Zwiebel-Knoblauch-Petersilien-Mischung leicht in Butter andünsten, abkühlen lassen, das durch einen Fleischwolf gedrehte Fleisch dazugeben und mit Salz, Pfeffer und Mehl mischen. Soviel Fleischbrühe dazugeben, daß sich die Masse geschmeidig verbindet.

Nun den Nudelteig in drei Portionen teilen und ausrollen, mit der Farce bestreichen, aufrollen und die Rollen in 5 cm lange Stücke schneiden. In einer Bratreine die kleingehackte Zwiebel in Butter andünsten und die Fleischnüdle darin vorsichtig von allen Seiten anbraten, nicht zu braun werden lassen. Mit Fleischsuppe fingerhoch aufgießen und im vorgeheizten Backofen ca. 30 Minuten bei 150 °C dünsten lassen. Bei Bedarf noch etwas Brühe nachgießen. In der Reine servieren und eine große Schüssel grünen Salat dazu.

Nudelteig aus 500 g Mehl (Seite 106)

Für die Füllung:
Gekochtes Rindfleisch, Reste vom Suppenfleisch oder vom Braten
1 Zwiebel, 1 Knoblauchzehe, 1 Bund Petersilie , zusammen fein gehackt
2 EL Butter
Salz und Pfeffer, 1 EL Mehl

Für die Bratreine:
1 Zwiebel kleingehackt, 2 EL Butter
etwas Fleischbrühe

Schniderspattle

Schnider ist der Schneider und Spattle sind kleine Stoffreste. Das Gericht hat einerseits seinen Namen von der Form der Nudeln, andererseits, weil die Hausfrau zusätzlich zu den Zwiebeln auch Reste von Braten oder Pot au Feu mitverwertete. Hier nun die Version nur mit Zwiebeln und natürlich Speck …

Nudelteig kneten und im Kühlen ruhen lassen. Die Zwiebelringe in dem Gänsefett anbraten und weichdünsten, nur leicht braun werden lassen. Die Speckwürfel anbraten. Nun den Nudelteig ausrollen und in unregelmäßige Formen schneiden. In reichlich Salzwasser kochen, eiskalt abspülen. Eine Auflaufform ausbuttern und immer abwechselnd eine Schicht Nudeln – wobei die Nudelteile gerüscht und gefältelt liegen sollten – dann Zwiebelringe, Speck und etwas Crème fraîche. Am Schluß nur Nudelflecken und Crème fraîche. Das Ganze in das vorgeheizte Backrohr schieben und bei 180 °C ca. 30 Minuten überbacken.

Nudelteig aus 500g Mehl (Seite 106)
50 g Gänsefett
3–4 große Zwiebeln,
in dünne Scheiben geschnitten
300 g Speckwürfel
½ l Crème fraîche, leicht gepfeffert
und gesalzen
Butter für die Form

Buewespätzle oder Grummbeereknepfle

Die Buewespätzle sind eine fleischlose Kost und haben ihren Namen von der Form die man den Kartoffelknödelchen gibt. Längliche Knödelchen und kleine runde gemischt, wie es halt bei den Buewe ist.

4 gekochte mehlige Kartoffeln
7 rohe mehlige Kartoffeln, 2 Eier
1 Bund Petersilie gehackt
Salz und Pfeffer
¼ l Sahne, ¼ l Crème fraîche
150 g kleingewürfelter
geräucherter Speck
Knoblauchcroutons

Die gekochten Kartoffeln noch heiß schälen und durch die Kartoffelpresse drücken, danach abkühlen lassen. Die rohen Kartoffeln fein reiben und in einem Tuch so fest wie möglich auspressen. Nun die ausgepreßten rohen Kartoffeln auf die gekochten legen, 2 Eier, Petersilie, Salz und Pfeffer dazugeben und alles gut durchkneten.

Sahne und Crème fraîche in einem Topf mischen und mit Salz und Pfeffer gewürzt erhitzen, die Speckwürfel anbraten und ebenso wie die Sahnemischung warm halten.

Einen großen Topf Salzwasser zum Kochen bringen, mit bemehlten Händen die Knödelchen formen und in das Salzwasser gleiten lassen. Wenn sie nach oben kommen, sind sie fertig. Mit dem Schaumlöffel herausheben und auf eine Platte geben, die Sahnesauce darübergießen, mit Croutons und Speckwürfeln bestreuen und sofort servieren. Bei diesem Gericht scheiden sich die Geister bei der Frage: mit Salat oder ohne? Machen Sie es einfach, wie Sie wollen.

Grummbeerekiachle

7–10 mehlige Kartoffeln
2 Stangen Lauch,
in feine Ringe geschnitten
1 große Zwiebel, fein gerieben
4 Eier, etwas Mehl
Salz und Pfeffer
Öl zum Ausbraten

Die Kartoffeln schälen und reiben, in einem Tuch ausdrücken. In einer Schüssel mit allen Zutaten vermischen. Mehl nur dann darüberstäuben, wenn man das Gefühl hat, daß der Teig zu flüssig ist. Reichlich Öl in die Pfanne gießen und mit einem großen Löffel handtellergroße Kiachle in das heiße Öl setzen und ausbraten. Mit einer großen Schüssel Salat servieren. Da dieses Gericht doch eher im Winter gegessen wird, passen auch die kräftigen Wintersalate, wie Feldsalat und Endivie, hervorragend dazu.

Kasknepfle

Dies ist noch eines der fleischlosen Gerichte für alle Tage – Speck gilt im Elsaß nicht als Fleisch – die mit Salat gegessen werden.

1½ kg Quark, 20 % Fett
7 Eier, 450 g Mehl
Salz, Pfeffer und Muskatnuß
1 Tasse voll kleingehackter
Petersilie, Schnittlauch und
Kerbel zu gleichen Teilen.
250 g Speck, ¼ l Sahne
Pfeffer

In ein Sieb ein dünnes Tuch legen und den Quark über Nacht abtropfen lassen. Dann den Quark in eine große Schüssel geben, Eier, Mehl, Gewürze und Kräuter zufügen und gut verrühren. Reichlich Wasser mit Salz zum Kochen bringen und dann mit einem Suppenlöffel Knödel aus dem Teig stechen und leise kochen lassen. Sicherheitshalber sollte man erst einen Probeknödel kochen. Sollte er zerfallen, dem Teig noch etwas Mehl beifügen. Nach 10 Minuten Kochzeit die Knepfle mit einem Schaumlöffel aus dem Kochwasser und in eine gebutterte Auflaufform legen. Den Speck gut anbräunen, mit der Sahne löschen, leicht pfeffern und über die Knepfle verteilen. Für 15 Minuten in einem auf 180 °C vorgeheizten Ofen backen und sofort mit dem Salat servieren. Ausreichend für 8 Personen.

Kartoffelauflauf mit Reblochon

Der Reblochon ist ein nicht sehr teurer Käse, der sich hervorragend zum Überbacken eignet. In Geschäften mit gut geführter Käsetheke ist er auch in Deutschland erhältlich.

1½ kg gekochte Kartoffeln
2 Stangen Lauch, in Ringe geschnitten
250 g Speck in Würfeln
500 g Reblochon
⅛ l Milch, ¼ l Sahne
Salz, Pfeffer und Muskatnuß
Butter zum Fetten der Auflaufform

Die Kartoffeln schälen und in dickere Scheiben schneiden, die Hälfte davon in die zuvor gebutterte Auflaufform schichten. Die Lauchringe darauf verteilen. Den Speck in einer Pfanne anbraten und anschließend auf dem Lauch verteilen. Mit dem Rest Kartoffeln alles zudecken. Den Reblochon in Scheiben schneiden und auf die Kartoffeln legen. Das Milch-Sahne-Gemisch mit den Gewürzen abschmecken und über den Auflauf gießen. In den vorgeheizten Backofen schieben und bei 220 °C auf der mittleren Schiene goldbraun backen. Dazu eine große Schüssel Salat reichen.

Flammekueche oder Tarte Flambée

Der Flammkuchen dürfte die Elsässer Spezialität sein, die nach dem Choucroute bei den Touristen am bekanntesten ist. Es gibt ihn überall, er kostet nicht viel und er ist ein herrlicher Begleiter zu den Elsässer Weinen. Erfunden wurde dieses Gericht als praktisches Essen am Backtag. Jeden zweiten Samstag war in den Bauernhäusern im Elsaß Backtag. Da stand der Brotteig in großen Mengen im Warmen zum Gehen und der Brotbackofen wurde beizeiten angefeuert. Das geschah, je nach der Region mit dem Rebholz der Weinstöcke oder mit Buchenholz. War dann gegen Mittag die erforderliche Hitze im Ofen erreicht und der Teig ausreichend gegangen, dann wurden als erstes, vor dem Brot, die Flammkuchen für die Familie hineingeschoben und der Duft nach frischem Brot und Speck durchströmte das ganze Haus. Zum Dessert gab es dann einen Flammkuchen mit Äpfeln, Zimt und Zucker. Was den weißen Belag betrifft, gibt es natürlich leichte regionale Unterschiede, zum Beispiel mit Zwiebeln oder ohne. Ich habe mein Rezept aus einem kleinen Dorf im Norden des Elsaß, aus Uhrwiller, dessen Bild geprägt wird von den großen, geschlossenen Vierkanthöfen und wo auf Tradition und Brauchtum viel Wert gelegt wird. Die Mengenangaben sind so, daß es für vier Flammkuchen mit Speck und einen mit Äpfeln reicht.

Den Hefeteig gut kneten und gehen lassen, nochmal kneten und wieder gehen lassen, im Ganzen ca. 45 Minuten. Alle Zutaten des weißen Belages miteinander verrühren und mit den Gewürzen abschmecken.
Den Backofen auf der höchsten Stufe vorheizen. Den Hefeteig in 5 Teile teilen, so dünn wie möglich auf einer gut gemehlten Unterlage ausrollen und auf ein gemehltes Backblech legen. Den weißen Belag auf den Teig bringen, glattstreichen und die Zwiebelringe und die Speckwürfel dicht daraufstreuen. Im Backofen auf der untersten Schiene knusprig braun backen. Nach 4 Speckflammkuchen den letzten Teig ebenfalls mit dem weißen Belag bestreichen und dann die Apfelscheiben dachziegelartig auflegen, reichlich mit Zimt und Zucker bestreuen. Wenn der Flammkuchen braun ist, auf den Tisch bringen und mit dem Calvados flambieren.

Für den Teig:
600 g Mehl
350 ml kaltes Wasser, 1 Hefewürfel
2 TL Salz

Für den weißen Belag:
1500 g Sahnequark
200 g Crème fraîche
1 Ei, 2 EL Öl, 1 EL Mehl
Salz, Pfeffer und geriebene Muskatnuß

3 große Zwiebeln halbieren,
in hauchdünne Scheiben schneiden
500 g kleingewürfelter
geräucherter Speck

5 geschälte und in Scheiben
geschnittene Boskopäpfel
eine Schale Zimt und Zucker vermischt
4cl Calvados

Hasen und Federvieh

Diese Tiere wurden und werden auf dem Land auf allen Höfen und auch bei den Häusern der Nichtbauern gehalten. Immer findet sich ein Plätzchen, auf dem ein paar Hühner herumpicken können. Unter den Obstbäumen ist der ideale Ort für Gänse und hinter dem Haus lehnt eine halbe Wand voll Hasenställen. Die Fütterung der Hasen ist gewöhnlich Sache des Mannes, das Federvieh gehört in den Zuständigkeitsbereich der Frau. An den Hühnern kann man wohl am deutlichsten erkennen, zu welch hohem Qualitätsverlust die Massentierhaltung geführt hat. Der Unterschied zwischen einem Gockel vom Bauernhof und dem weißen, weichen Gebilde in der Folie ist gewaltig. Versuchen Sie, für ihre Geflügelgerichte Tiere aus natürlichen Aufzuchten zu kaufen, nur dann werden sie den wahren Genuß haben an einem Coq au Riesling.

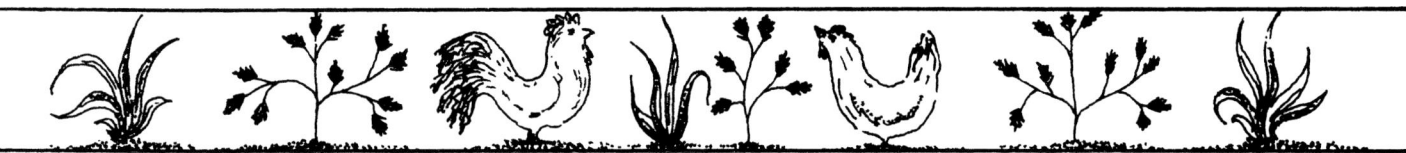

61

Coq au Riesling

1 Gockel, ca. 1½ kg,
in Stücke geschnitten
1 Glas Cognac
2 EL Butter und 3 EL Olivenöl
5 Schalotten und 2 Zehen Knoblauch,
beides in Scheiben geschnitten
500 g frische Champignons,
blättrig geschnitten
½ l Riesling, ⅛ l Sahne
Salz und Pfeffer

Am besten nimmt man für Coq au Riesling einen breiten Topf mit gut schließendem Deckel. In dem heißen Fettgemisch die Fleischstücke rundum gut anbraten, und mit dem Cognac ablöschen. Aus dem Topf nehmen und auf eine Platte legen. Nun die Zwiebel, den Knoblauch und die Pilze in dem gleichen Fett andünsten, die Fleischstücke salzen und pfeffern und zurück in den Topf legen, alles vermengen, mit dem Weißwein aufgießen. Deckel darauf und ca. 40 Minuten schmoren lassen. Nun die Fleischstücke aus der Sauce nehmen, warm stellen, und die Sauce auf großem Feuer etwas reduzieren. Dann die Sahne dazugeben, nochmal aufkochen lassen, abschmecken und die Fleischstücke wieder einlegen, mit selbergemachten Butternudeln servieren (Seite 106).

Gockel im Speckmantel auf Gemüse

1 Gockel, ca. 1½ kg, in Stücke
geschnitten
1 dicker Bund frischer Thymian
ca. 12 dünn geschnittene
geräucherte Speckscheiben
5 kleine, in Scheiben
geschnittene Zucchini
5 Schalotten und 3 Knoblauchzehen,
in Scheiben geschnitten
8 große, geschälte Tomaten
2 EL Butter, 3 EL Olivenöl
1 Glas Riesling, Hühnerbrühe
⅛ l Sahne und 3 EL Crème fraîche
Salz und Pfeffer

Die Thymianblättchen von den Zweigen streifen, die Fleischstücke salzen und pfeffern, mit der Hälfte der Thymianblätter würzen, jedes Stück mit Speck umwickeln, beiseite legen. In einer Bratreine das Fett erhitzen, die Zucchini, die Zwiebeln und den Knoblauch kurz anbraten, aber nicht braun werden lassen. Die Tomatenviertel dazugeben, salzen und pfeffern, mit dem Weißwein löschen und die restlichen Thymianblättchen dazugeben. Auf dieses Gemüse nun die Fleischstücke legen und die Bratreine in das vorgeheizte Rohr schieben. Bei ca. 200 °C 40 Minuten braten. Ab und zu bei Bedarf etwas Hühnerbrühe aufgießen. Nach einer halben Stunde die Sahne mit der Crème fraîche verrühren und dazugeben. In der Bratreine auf den Tisch bringen und Baguette dazu reichen.

Bouchées à la Reine oder Suppenpaschtetle

Lange konnte mir niemand die Frage beantworten, warum diese köstlichen Blätterteigpasteten „Suppenpaschtetle" genannt werden, bis mir die Madame Kister aus Uhrwiller die Augen öffnete. Die Paschtetle gab es immer nach der Hühnersuppe, denn nur dann hatte man das Geflügelfleisch und die Brühe für die Sauce. Also sind die Suppenpaschtetle der obligatorische Hauptgang nach der Hühnersuppe.

Ein Suppenhuhn wie auf Seite 17 beschrieben kochen, abkühlen lassen und die Kleinteile in die Suppe geben, die größeren Fleischstücke würfeln. Will man es ganz luxuriös gestalten, gibt man noch gekochte Kalbsschulter dazu, diese dann ebenfalls klein würfeln. Die Butter zum Schmelzen bringen, das Mehl unter ständigem Rühren hineingeben und leicht anschwitzen lassen. Mit der Hühnerbrühe und dem Kalbssud löschen und mit dem Schneebesen ständig weiterrühren, so daß die Sauce glatt wird. Aufkochen lassen. Die Blätterteigpasteten auf einem Blech im Backrohr bei 200 °C aufwärmen. Den Weißwein erhitzen und die Champignons darin blanchieren. Nun die Fleischwürfel und die Champignons in die Sauce geben. Die Eigelb und die Sahne verrühren und auch in die Sauce geben, nicht mehr kochen lassen, nur noch erhitzen und dabei vorsichtig rühren. Die warmen Pasteten auf die Teller geben, mit dem Ragout auffüllen und etwas Ragout daneben setzen, die Deckel dekorativ anlehnen. Dazu ißt man hausgemachte Bandnudeln in Butter geschwenkt.

Variation: Im Frühjahr kann man das Ragout noch einmal verfeinern, wenn man einige gekochte Spargelstücke dazugibt. Ganz luxuriös wird es, wenn mit dem Hühner- und Kalbfleisch auch noch ein Kalbsbries in das Ragout kommt.

Für die Sauce:
50 g Butter
50 g Mehl, ½ l Hühnerbrühe
2 Eigelb, 200 g Sahne

pro Person eine große Blätterteigpastete mit Deckel (vom Bäcker)
gekochtes Hühnerfleisch von Brust und Keulen, klein gewürfelt
evtl. 500 g Kalbsschulter im Sud gekocht (Seite 53)
250 g Champignons in Viertel geschnitten
2 Glas Weißwein

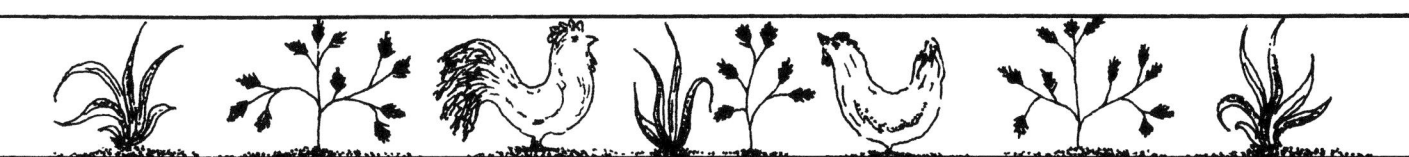

Hühnerbrust mit Salbei gefüllt auf Tomatenfond

Auch hier noch ein Hühneressen, das gut in den Sommer paßt, wenn die Tomaten aus den Gärten kommen und der Salbei schöne hellgrüne Blätter hat.

10 Blätter Salbei mit zwei Knoblauchzehen ganz fein hacken und mit der Butter und etwas Salz und Pfeffer verkneten. In die Hühnerfilets mit einem scharfen Messer von der Längsseite Taschen schneiden und die Kräuterbutter zu gleichen Teilen einfüllen.

Nun in einer Pfanne das Öl erhitzen, die Filets von beiden Seiten kurz anbraten, 8 Salbeiblätter dazugeben, mit dem Weißwein löschen, einköcheln lassen. Die Tomatenwürfel und den restlichen Knoblauch, in Scheiben geschnitten, beigeben und leise köcheln lassen, dabei das Fleisch immer wieder wenden. Tomatenfond mit Salz und Pfeffer abschmecken. Nach ca. 10 Minuten sind die Filets durch; auf vorgewärmte Teller legen, den Tomatenfond verteilen und sofort mit Bratkartoffeln (Seite 104) servieren.

8 Hühnerbrüste
3–4 Zweige Salbei
4 Zehen Knoblauch
5 EL Butter
8 geschälte und gewürfelte Tomaten
1 Glas Riesling
Olivenöl
Salz und Pfeffer

Gänsebrust auf Apfel

Die Gänsebrüste auf der Hautseite rautenförmig einritzen, salzen und pfeffern und mit Majoran bestäuben. Eine Pfanne erhitzen und die Fleischstücke mit der Hautseite zuerst in die erhitzte Pfanne legen. Nun von beiden Seiten gut anbraten und anschließend in den auf 220 °C vorgeheizten Backofen schieben, mit der Hautseite nach oben. Den größten Teil des Fettes aus der Pfanne gießen und in dem Rest die Zwiebel- und Apfelringe andünsten, leicht salzen und pfeffern, mit etwas Weißwein ablöschen und einköcheln lassen. Die Apfelsauce auf eine heißgestellte Platte geben, die in dünne Scheiben geschnittene Gänsebrust fächerförmig darauflegen. Dazu passen hervorragend Rotkraut und Kartoffelplätzchen.

pro Person ca. 200 g Gänsebrust
etwas Majoran
Salz und Pfeffer
Boskopäpfel, blättrig aufgeschnitten
5 Schalotten in dünne Ringe geschnitten
etwas Weißwein

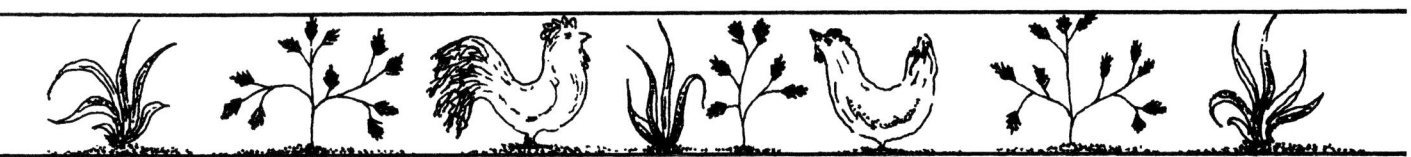

Entenbraten mit Calvados und Apfel

Die Ente ist ein unpraktisches Tier, so sagen wenigstens die Alten, für einen zu viel, für zwei zu wenig. Deswegen sollten Sie sich bei der Zahl und Größe der zu bereitenden Enten am Appetit Ihrer Esser orientieren.

1 große oder 2 kleine Barbarie-Enten
getrockneter Majoran
4 cl Calvados oder etwas mehr
6–7 Schalotten, grobgewürfelt
4 Reinetten oder Boskopäpfel,
geschält und geachtelt
1–2 Gläser Riesling
1 Handvoll geschälte Maroni
Salz, Pfeffer

Die Enten innen und außen salzen und pfeffern, mit Majoran einreiben und in einer ganz dünn mit Butter ausgestrichenen Bratreine in das auf 200 °C vorgeheizte Bratrohr schieben. Mindestens 15 Minuten anbraten lassen, den Calvados über die Enten gießen und die Zwiebeln und die Apfelstücke rundum legen. Wieder 10 Minuten braten lassen und nun mit dem Weißwein löschen. Weiter im Rohr lassen und ab und zu nach Bedarf mit etwas Wasser aufgießen. Nach insgesamt 1 Stunde Bratzeit die Edelkastanien dazugeben und nach 1½ Stunden die Bratreine aus dem Rohr holen. Die Enten tranchieren und auf einer Platte warmhalten, die Sauce pürieren, nochmals abschmecken und getrennt vom Fleisch servieren.

Entenbrust mit Orangensauce

3 ganze Entenbrüste
Salz, Pfeffer
getrockneter Majoran
4 cl Grand Marnier
Saft von 2 Orangen
etwas Hühnerbrühe
pro Person ca. 3 blanchierte
Brokkoliröschen und 1 blanchierte
Möhre in Stifte geschnitten
Butter, um das Gemüse anzudünsten

Die Haut der „Magret de Canard" mit einem spitzen Messer rautenförmig einritzen, die Fleischstücke salzen, pfeffern und mit Majoran einreiben. Eine Pfanne erhitzen und die Entenbrüste mit der Haut nach unten hineinlegen. Gut anbraten, bis die Haut braun ist, dann wenden und die andere Seite braten. Die Fleischstücke nun in das vorgeheizte Rohr legen, mit der Hautseite nach oben und noch 10 Minuten backen. In dieser Zeit etwas Fett aus der Pfanne abgießen, das heiße Restfett mit dem Grand Marnier ablöschen und die Hälfte Orangensaft dazugeben. Einköcheln lassen, bis der Rest anfängt, in der Pfanne braun zu werden. Jetzt mit der zweiten Hälfte Orangensaft löschen und auf ein Drittel reduzieren. Nun noch mit ½ Tasse Hühnerbrühe ablöschen und wieder einköcheln. Das Gemüse in Butter dünsten. Die Fleischstücke aus dem Rohr holen, das ausgetretene Bratfett zu der Sauce geben und weiterköcheln lassen. In der Zwischenzeit

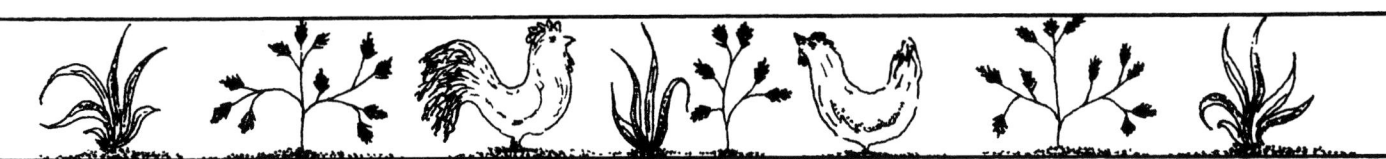

die Entenbrüste in dünne Scheiben schneiden und auf vorgewärmte Teller im Halbkreis anrichten. Nun in Butter angedünstete Brokkoliröschen und einige Möhrenstifte dazugeben, und die Sauce an das Fleisch gießen. Mit etwas Reis servieren.

Gänsebraten mit Füllung

Wenn es auf Martini zugeht, wird es Zeit die Gänse zu schlachten. Noch bis in unser Jahrhundert hatte fast jede elsässische Familie Gänse. In manchen Dörfern gab es genau wie Schweinehirten auch Gänsehirten, die den ganzen Tag die Tiere auf den umliegenden Wiesen und Wegrainen hüteten. Alle 4–6 Wochen wurden die Gänse gerupft, wegen der begehrten Bettfedern. Wenn es auf den Winter zuging, wurden sie dann geschlachtet und verspeist. Das gewonnene wertvolle Gänsefett bewahrte man in Steinguttöpfen auf.

Die Gans innen und außen salzen und pfeffern und mit Majoran einreiben. Die Kastanien kurz kochen und dann schälen. Die Zutaten der Füllung mischen und abschmecken, die Gans damit ausstopfen und zunähen. Nun etwas Wasser in eine Bratreine geben, die Zwiebelscheiben dazulegen und die Gans obenauf. Im vorgeheizten Bratrohr bei 200 °C ca. 2–3 Stunden garen, evtl. die Temperatur auf 170 °C senken. Dabei ständig die Gans mit ihrem eigenen Bratsaft begießen und notfalls noch etwas Wasser dazugeben. Die Gans tranchieren, die Füllung extra legen. Die Sauce entfetten und mit dem Pürierstab aufmixen und getrennt servieren. Dazu passen Rotkraut und Kartoffelknödel.

1 Gans
Salz, Pfeffer und gerebelter Majoran
2–3 Zwiebeln in dünnen Scheiben
Küchenzwirn

Für die Füllung:
300 g Eßkastanien geschält
1 Semmel in etwas Milch aufgeweicht
Gänseleber in kleine Würfel geschnitten
1 Zwiebel, ½ Bund Petersilie,
1 TL Thymianblättchen,
alles zusammen fein gehackt
3 Eier
1 Boskopapfel, feingewürfelt
Salz und Pfeffer

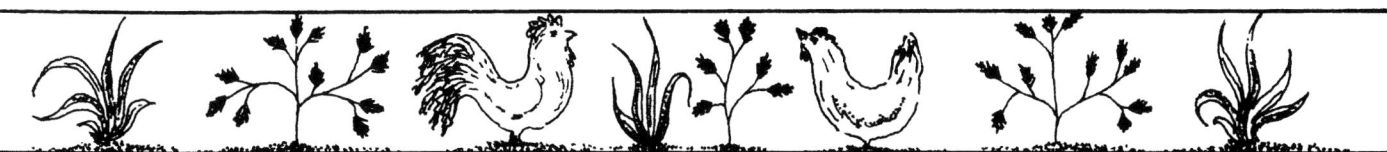

Auf den meisten Höfen im Elsaß werden bis heute Hasen gehalten. In Deutschland besteht wahrscheinlich aus alter Zeit ein Vorurteil gegen den Stallhasen, denn er galt als Arme-Leute-Essen. Aber er wurde bestimmt nie so köstlich bereitet wie hier im Elsaß nach Tradition der französischen Küche.

Hase in Senf

1 Hase in Stücke zerteilt
Öl und Butter zum Anbraten
Salz und Pfeffer, 1 EL Senf, am besten
Dijonsenf, nicht zu scharf
Riesling, 2 Zwiebeln und 3 Schalotten
in kleinen Würfeln, ⅛ l süße Sahne

Die Hasenstücke rundum mit Senf einreiben und in dem Fettgemisch leicht anbraten, anschließend salzen und pfeffern. Die Zwiebeln dazugeben, andünsten, aber nicht braun werden lassen. Mit 1 Glas Wein löschen und abgedeckt ca. 50 Minuten schmoren lassen. Bei Bedarf immer wieder etwas Wein nachgießen. Am Schluß den Rahm mit dem Senf verrühren und dazugeben, noch einmal aufkochen lassen, abschmecken und mit hausgemachten Nudeln servieren.

Hase in Weißwein

1 Hase in Stücke zerteilt

Für die Marinade:
1 l Riesling
1 Zwiebel mit 3 Nelken besteckt
1 Zwiebel kleingewürfelt
3 Karotten in Scheiben
1 Stange Lauch in Ringen
⅛ Sellerieknolle in Würfeln
3 Lorbeerblätter, 2 Knoblauchzehen
in Scheiben, Salz und Pfeffer
2 EL Butter, 3 EL Öl, ⅛ l Rahm

Die Marinade ansetzen, auch leicht salzen und pfeffern, und die Hasenstücke einlegen; die Fleischstücke müssen alle vom Wein bedeckt sein. Den Behälter abdecken und 2–3 Tage kühlstellen. Die Fleischstücke herausfischen, abtrocknen und in dem heißen Fettgemisch in einem weiten Topf goldbraun anbraten. Anschließend leicht salzen und pfeffern und mit der Marinade aufgießen. Im zugedeckten Topf ca. 50 Minuten köcheln lassen, dann die Fleischstücke herausholen und die Zwiebel mit den Nelken ebenfalls. Die Sauce etwas einkochen lassen und die Sahne dazugeben. Nochmals kurz kochen lassen, die Fleischstücke wieder einlegen und den Hasen in der Sauce mit hausgemachten Spätzle oder Nudeln servieren.

Hase in Rotwein

Die Marinade ansetzen, die Hasenstücke einlegen und 2 Tage kühlstellen. Darauf achten, daß alle Fleischstücke vom Wein bedeckt sind. Die Fleischstücke aus der Marinade nehmen, trockentupfen, und in Olivenöl anbraten, salzen und pfeffern. Mit der Marinade aufgießen und im zugedeckten Topf ca. 50 Minuten köcheln lassen. Deckel abnehmen und nochmals 5 Minuten bei großer Hitze kochen. Nur mit Baguette servieren und zwar mit viel Baguette, denn die Sauce schmeckt vorzüglich.

1 Hase in kleine Stücke zerteilt

Für die Marinade:
1 l Rotwein
4 EL Olivenöl, 2 Zwiebeln gewürfelt
4 Zehen Knoblauch in Scheiben
4 Zweige Thymian, 4 Zweige Rosmarin
1 Handvoll schwarze Oliven
zum Anbraten 4 EL Olivenöl

Marinierter Hase auf Kraut

Dieses Gericht stammt von der Oma von Charles, einem hervorragenden Hasenzüchter. Da früher das Sauerkraut das wichtigste Gemüse des Winters war, in Fässern im Keller gelagert, und die Oma es leid war, immer nur Schweinernes dazu essen zu müssen, erfand sie diesen Hasen im Kraut. Ein großes Stück geräucherter Schweinebauch muß natürlich dazu, denn sonst schmeckt das Kraut nicht.

Die Hasenstücke mit der gut gemischten Kräutermarinade einreiben und 2–3 Tage abgedeckt kühlstellen. Ab und zu wenden. Das Kraut mit der Speckseite ansetzen wie auf Seite 44 beschrieben, die Hasenstücke obenauf legen und das Ganze zugedeckt ca. 1½ Stunden auf kleinem Feuer kochen lassen. Den in Scheiben geschnittenen Speck und die Hasenstücke auf dem Kraut mit Salzkartoffeln servieren.

Keulen und Rücken vom Hasen,
insgesamt ca. 1 kg.
1 kg geräucherter Schweinebauch

Gewürzmischung:
Salz, Pfeffer, gemahlener Koriander,
1 Prise Nelkenpulver, 3 Lorbeerblätter
kleingebröselt, 3–4 Knoblauchzehen
blättrig geschnitten
1½ kg Kraut (Seite 44)

Wild und Pilze

Der Süden des Landes wird von den Weinbergen geprägt und gegen den Rhein zu beherrschen große Felder das Landschaftsbild. Der Norden des Elsaß aber ist das Reich des Waldes. Hügelauf und hügelab kann man durch die Wälder der Nordvogesen wandern, tagelang, ohne viele Leute zu treffen. In den Tälern Flußläufe, die sich durch Feuchtgebiete schlängeln, und kleine Ortschaften, die schon seit ewiger Zeit so ausgesehen haben mögen, wie man sie noch heute vorfindet. Auf den Gipfeln finden sich immer wieder die Burgen und Burgruinen, die in den Sandstein gehauenenen Felsenburgen aus dem Mittelalter. Von ihren Türmen aus hat man die beste Aussicht über den schier endlosen Wald.

Die Saison des Waldes beginnt im Herbst, wenn die ersten langanhaltenden, aber noch warmen Regen die Sommerhitze ablösen. Das ist die Zeit, zu der man auf die Suche geht nach den Pfifferlingen, den Steinpilzen, den Maronenröhrlingen, der heißbegehrten und von Kennern hochgeschätzten Krausen Glucke und den schwarzen Todestrompeten. Alle drei Tage wieder besucht man seine bekannten Plätze, möglichst alleine, und schneidet ab, was da wieder nachgewachsen ist. Samstag in aller Frühe das letzte Mal, denn am Wochenende brechen die Auswärtigen mit ihren Körben ein und nichts ist schlimmer als bei der Pilzsuche Konkurrenten zu begegnen. Der einzige Trost – Montag müssen sie wieder arbeiten, und ihnen fehlt die Erfahrung, um die wahrhaft besten Plätze zu entdecken. Kurz nach der Pilzzeit ziehen vor allem die älteren Männer los, um die Edelkastanie, die Keschten, zu ernten, und auch sie achten darauf, daß ihnen niemand

folgt, wenn sie auf dem Weg sind zu dem Baum mit den dicksten Kastanien. Wunderbar sind die Abende im Spätherbst, wenn die gekochten heißen Keschten mit reichlich frischem Weißwein auf dem Tisch stehen.

Dann aber beginnt die lebhafteste Saison im Wald, die Jagdsaison mit den Jägern aus Paris und Innerfrankreich. Sie sind nicht unbedingt beliebt, aber sie sorgen für Geld in der Gemeindekasse, für eine Nachsaison bei den Gastwirten und so mancher versilbert seine Liebe zum Wald mit einer Tätigkeit als Jagdhüter.

Nun noch einige einleitende Worte zu den Waldpilzen. Es ist ein herrliches Gefühl, wenn man mitten im Wald, unvermutet auf einer Lichtung oder unter Bäumen, plötzlich samtig braune oder auch gelbe Hüte sieht und das Sammlerherz höher schlägt. Traumhaft schön ist auch der giftige Fliegenpilz, er ist so dekorativ wie kaum eine andere Pflanze des Waldes. Doch trotz allen Sammelfiebers, das einen eigentlich immer erfaßt, sollte man einige Grundregeln beachten. Nur die jungen, im Hut noch ganz festen Pilze nehmen, die anderen sind im Geschmack und in der Bekömmlichkeit nicht zu empfehlen. Wenn Sie sich nicht ganz sicher sind, was in ihrem Korb ist, fragen Sie einen Spezialisten, hier in den Orten am Rande der Nordvogesen sind das meistens die Apotheker. Beim Putzen sollte man nur mit Tuch und Pinsel die Erde entfernen, und mit einem spitzen kleinen Messer die Schwämme und angefressenen Stellen. Nur im äußersten Notfall Wasser zu Hilfe nehmen, was aber danach auch gleich wieder abgetrocknet werden sollte.

Kräutercrêpes mit Pfifferlingen

Den Crêpeteig rühren und die Kräuter untermischen. Den Teig ziehen lassen und in der Zwischenzeit die Zwiebeln in dem Fett anbraten, ohne sie braun werden zu lassen. Die blättrig geschnittenen Pilze dazugeben, salzen und pfeffern. Petersilie-Knoblauchgemisch dazugeben und so lange in der Pfanne dünsten, bis die Flüssigkeit verschwunden ist. Mit der Hühnerbrühe ablöschen und reduzieren. Nun noch die Sahne dazu, nochmal kurz einköcheln und abschmecken. In dieser Zeit die Crêpes in einer Pfanne mit Butter ausbraten. Entweder pro Person zwei kleine oder einen großen. Die Crêpes auf den vorgewärmten Tellern dekorativ falten, die Pilzesauce hinein und neben die Crêpes geben.

Variation: Die Pilzsauce schmeckt auch ausgezeichnet zu selbergemachten Nudeln. Die Nudeln noch heiß unter die Sauce ziehen und mit Parmesan bestreut servieren.

Crêpeteig für 4 Personen (Seite 109)
je ½ Bund Dill, Petersilie,
Basilikum und Schnittlauch,
zusammen feingehackt
2 Schalotten, kleingehackt
1 kg Pfifferlinge
2 EL Butter und 3 EL Olivenöl
½ Bund Petersilie und 1 Zehe
Knoblauch, miteinander gehackt
Salz, Pfeffer
1 Tasse Hühnerbrühe
¼ l Sahne

Gebratene Steinpilze

Die geputzten Steinpilze in verhältnismäßig dicke Scheiben schneiden, das Öl und die Butter in einer Pfanne gut heiß werden lassen und die Steinpilzscheiben darin bei großer Flamme, unter ständigem Wenden braun braten lassen. Salzen und pfeffern. Dazu Kalbschnitzel natur mit einigen Tropfen Zitrone in der Grillpfanne in Butter anbraten. Vor dem Servieren die Pilze mit frisch gehackter Petersilie bestreuen.

mindestens 3–4 Steinpilze pro Kopf,
besser mehr
2 EL Olivenöl
2 EL Butter
Salz und Pfeffer
1 Handvoll gehackte Petersilie

Nudeltaschen mit Pilzfüllung

300 g Pfifferlinge
300 g Steinpilze oder
Maronenröhrlinge
1 Schalotte, 1 Bund Petersilie und
1 Zehe Knoblauch zusammen
sehr fein hacken
Olivenöl und Butter zum Anbraten
Salz und Pfeffer
Nudelteig aus 500 g Mehl (Seite 106)
Eiweiß
4 EL Butter
1 Zehe Knoblauch
etwas geriebenen Parmesan

Die Pilze in kleine Würfel schneiden und in dem Fett mit dem Zwiebelgemisch andünsten, salzen und pfeffern. Nun unter ständigem Wenden so lange dünsten, bis alle austretende Flüssigkeit verdampft ist, abkühlen lassen.

Dann den Nudelteig ganz dünn ausrollen, und mit einem kleinen Glas Kreise ausstechen. Auf die Hälfte der Nudeltaler je einen Teelöffel Pilzfarce setzen und die Ränder mit Eiweiß bepinseln. Die anderen Nudeltaler darauflegen und die Ränder mit den Spitzen einer Gabel gut aufeinanderdrücken. In einer Kasserole Butter mit hauchdünnen Knoblauchscheibchen erwärmen, die Nudeltaschen in reichlich kochendem Salzwasser kochen und mit einer Schaumkelle ausholen. Auf die vorgewärmten Teller legen und mit der Knoblauchbutter beträufeln, etwas Parmesan daraufstreuen und sofort servieren.

Tip: ist der Pilzsegen sehr reichlich, kann man die doppelte Menge zubereiten und die Nudeltaschen einfrieren, einzeln auf einem Tablett. Man kann sie dann später sehr gut verarbeiten, wenn man sie direkt ins kochende Wasser gibt und dann etwa 5 Minuten köcheln läßt.

Nun zum Wild, das hier in den Wäldern so leidenschaftlich gejagt wird. Zahlenmäßig am häufigsten wird das Wildschwein erlegt. Dieses Fleisch können Sie in allen Teilen wie Schweinefleisch zubereiten. Das edlere und natürlich auch viel teurere Wild sind die Rehe und Hirsche. Wobei der Hirsch hauptsächlich wegen der Jagdtrophäe, dem Geweih, gejagt wird, gegessen werden eher die jungen Hirschkühe. Alle nun folgenden Gerichte für Rehfleisch können natürlich ganz genauso für Hirsch verwendet werden.

Gespickter Rehrücken mit Kastaniengemüse

Den Rehrücken spicken und mit Salz und Pfeffer und den zerdrückten Wacholderbeeren einreiben. Butter in einer Bratreine erhitzen und die Zwiebelringe, die Zitronenscheiben und den Rehrücken – mit der gespickten Seite nach unten hineinlegen. Ca. 15 Minuten im auf 170 °C vorgeheizten Backofen lassen, wiederholt mit dem Bratensaft und Sauerrahm, mit etwas Wasser verdünnt, begießen, dann wenden und nochmals ca. 20 Minuten unter ständigem Begießen braten.

In der Zwischenzeit die gewürfelten Zwiebeln in Butter andünsten, die geschälten Kastanien dazugeben, mit Salz, Pfeffer und Muskat würzen und ab und zu mit etwas Fleischbrühe aufgießen. Die Äpfel im Ganzen schälen und die Kerngehäuse entfernen, in dickere Ringe schneiden, und in Butter in einer Pfanne goldgelb andünsten. Wenn das Fleisch gar ist, tranchieren und warmstellen. Den Bratensatz mit einem letzten Schuß Rahm einköcheln lassen und die Zitronenscheiben entfernen. Den in Scheiben geschnittenen Rücken auf eine gewärmte Platte legen, die gedünsteten Apfelscheiben drumherumlegen und auf jede Apfelscheibe einen kleinen Klecks Preiselbeermarmelade geben. Das Kastaniengemüse und die Sauce extra reichen.

1 Rehrücken
grüner Speck zum Spicken
Salz und Pfeffer
8 zerdrückte Wacholderbeeren
2 Schalotten, in Ringe geschnitten
2 Scheiben einer Zitrone
1 Becher Sauerrahm
2 Schalotten, kleingewürfelt
600 g Kastanien
etwas Fleischbrühe
Salz und Pfeffer
geriebener Muskat
3 Boskopäpfel
Preiselbeermarmelade
Butter

Rehkeule in Walnußrahm

1 Rehkeule, gespickt
Salz, Pfeffer und
8 zerdrückte Wacholderbeeren
1 Stange Lauch, 2 Karotten, ein Stück
Sellerieknolle, alles gewürfelt
2 Schalotten, gewürfelt
1 Boskopapfel, geschält und gewürfelt
3 Gewürznelken, 2 Lorbeerblätter
2 Zweige Thymian
je 2 Stück Zitronenschale
und Orangenschale,
Rotwein und Fleischbrühe
zum Aufgießen, ⅛ l Rahm
2 Handvoll Walnußkerne, zur Hälfte
gehackt, die andere Hälfte in Stücke
gebrochen

Die Rehkeule mit Salz, Pfeffer und den Wacholderbeeren einreiben, in einer Bratreine etwas Butter erhitzen und die Rehkeule von allen Seiten anbräunen, aus der Reine nehmen. Nun das Wurzelgemüse, die Zwiebeln und den Apfel dazugeben, ebenfalls andünsten lassen, nun die Gewürze dazu und alles mit etwas Rotwein löschen. Die Keule wieder in die Bratreine legen. Ins auf 170 °C vorgeheizte Bratrohr schieben und unter ständigem Begießen mit dem Bratensaft und etwas Fleischbrühe ca. 1–1½ Stunden garen. Die Keule herausnehmen und abgedeckt warmstellen, den Bratenfond durch ein Sieb pressen und mit Sahne aufkochen lassen. Die zerhackten Walnüsse dazugeben. Die zerbrochenen Walnüsse vorsichtig in einer leicht gefetteten heißen Pfanne anrösten, dabei nicht braun werden lassen, und zu der Sauce geben. Nun das Fleisch tranchieren, auf einer vorgewärmten Platte anrichten und mit etwas Sauce begießen, den Rest der Sauce extra reichen. Dazu kann man Rotkraut oder auch Rosenkohlgratin reichen sowie Kartoffelplätzchen.

Rehfilet oder Rehsteak mit Gänseleber

pro Person 2 Scheiben Filet à ca. 80 g
aus dem Rücken, und eine Scheibe von
der Gänseleber à ca. 50 g
Butter zum Anbraten,
1 Gläschen Madeira
Saft von ½ Orange
Fleischbrühe oder Wildfond
(kann man fertig kaufen)
Salz, Pfeffer

Die Filetscheiben salzen und pfeffern, von beiden Seiten in der heißen Butter anbraten und dann in Folie gewickelt warmstellen. Den Bratfond mit Madeira löschen, reduzieren, mit Orangensaft löschen, reduzieren und nun nochmal das Gleiche mit etwas Wildfond. In der Zwischenzeit die Gänseleberscheiben von beiden Seiten mehlen, kurz in Butter scharf anbraten und dann salzen und pfeffern. Nun die Filetscheiben auf die vorgewärmten Teller richten, je eine Gänseleberscheibe dazwischenlegen und mit der Sauce begießen. Mit Preiselbeerkompott und Kartoffelkroketten servieren.

Wildpfeffer

Da nicht nur Filets und Keulen vom Wild verzehrt werden, gibt es für die anderen, nicht ganz so feinen Teile noch das Wildpfeffer.

Die Beize über die Fleischstücke gießen, darauf achten, daß alle gut bedeckt sind. Mindestens 24 Stunden kühl stehen lassen. Das Fleisch dann aus der Beize holen und gut abtrocknen. Die Beize auf den Herd stellen und 10 Minuten kochen lassen, herunternehmen und den Rotwein dazugeben. Nun in einem weiten Topf den Speck anbraten und die Fleischstücke ebenso. Salzen und pfeffern und mit der Beize ablöschen, auf kleinem Feuer köcheln lassen bis das Fleisch gar ist. Die Fleischstücke in einer Schüssel warmstellen, die Sauce durch ein Sieb passieren, dann mit den Preiselbeeren und etwas Rahm aufkochen. Nochmal abschmecken und über das Fleisch geben. Dazu Kartoffelknödel oder selbstgemachte Nudeln.

1½ kg Reh- oder Hirschfleisch
von Hals, Brust oder Schulter,
in größere Würfel geschnitten
100 g geräucherter Speck
in Würfel geschnitten
Öl zum Anbraten des Fleisches
Salz und Pfeffer
2 EL Preiselbeermarmelade
⅛ l Sahne

Für die Beize:
¾ l Wasser und ½ Tasse Rotweinessig
gemischt
1 Stange Lauch, 2 Karotten, ein Stück
von der Sellerieknolle, alles gewürfelt
2 Zwiebeln, gewürfelt, 5 Pfefferkörner
5 Wacholderbeeren, 2 Lorbeerblätter
1 Thymianzweig, 2 Petersilienzweige
⅛ l Rotwein

Fischgerichte und Gerichte von Wassertieren

Sicher ist inzwischen klar geworden, daß die Bewohner des Elsaß keine Kostverächter sind. Sie lieben es, zu essen. Am besten im großen Kreis, mit viel Zeit, witzigen und amüsanten Gesprächen und mit guten Getränken. Und sie lieben alles, Fleisch, Gemüse und Teigwaren, aber ganz besonders auch Gerichte mit Fisch. Diese Leidenschaft ist nicht verwunderlich, denkt man an all die Flüsse und Flüßchen, an die Fischweiher und Seen, die überall im Elsaß zu finden sind. Nicht zu vergessen den Rhein, der die lange Grenze zu Deutschland bildet. Früher gab es im Rhein noch Lachse und auch in der Ill, die durch Straßburg fließt. Im großen Freiluftmuseum in Ungersheim wird deutlich, wie sehr das Elsaß ein Land der Fischer und damit auch der Fischgerichte war. Flußkrebse gab es im vorigen Jahrhundert noch so reichlich, daß es untersagt war diese dem Gesinde öfter als zweimal die Woche vorzusetzen. Dasselbe galt auch für den Lachs. Lachse gibt es nun keine mehr im Rhein und auch kaum mehr Flußkrebse, geblieben aber ist die Leidenschaft für Fisch, egal ob Süßwasser- oder Meeresfisch. Es wird nicht gefragt, woher der Segen kommt, nur frisch muß das Angebot sein und vielseitig. Den Höhepunkt erreicht das Fischessen mit allem was dazu gehört um die Weihnachts- und Neujahrszeit. Ich glaube nicht, daß man in der Bretagne dann mehr oder besseren Fisch kaufen kann als hier.

So wie die Fischer im Süden Frankreichs aus den verschiedenen Fischen eines Fanges die Bouillabaisse erfunden haben, so gibt es im Elsaß ein Gericht, in dem die verschiedensten Süßwasserfische gleichzeitig verwendet werden.

Matelote au Riesling

ca. 2 kg Flußfische: Aal, Hecht,
Barsch, Schleie, Forelle usw.
Salz, Pfeffer, etwas Muskatnuß
¼ l Sahne, Eigelb

Für den Sud:
Bouquet garni aus 3 Lorbeerblättern,
5 Petersilienzweigen, 2 Thymian-
zweigen und 2 Estragonzweigen
2 Karotten, in Scheiben
2 Lauchstangen, in Ringen
2 grob geschnittene Zwiebeln
¾ l Riesling, ½ l Wasser

Die Fische putzen und filetieren, alle Abfälle, wie Gräten und Köpfe und evtl. Haut für den Fischsud verwenden. Diesen mit allen anderen Zutaten aufstellen und ca. 20 Minuten kochen lassen, damit sich die Aromastoffe entfalten, etwas salzen und pfeffern. Die Fischfilets in größere Stücke schneiden. Den Fischsud durch ein Sieb gießen und wieder zum Köcheln bringen. Nun der Reihe nach die Fischstücke einlegen. Als erstes den Aal, dann den Hecht usw. Nicht mehr kochen lassen, nur sieden. Wenn alle Fischstücke gar sind, vorsichtig aus dem Sud fischen und in eine vorgewärmte Schüssel geben, warm stellen. Nun den Sud noch einmal kräftig einkochen lassen, etwa auf die Hälfte, die Sahne mit den Eigelb verrühren und zu dem Sud geben, mit Salz, Pfeffer und Muskat abschmecken. Kräftig mit dem Schneebesen schlagen und erhitzen, aber nicht mehr kochen. Die Sauce über die Fischstücke geben und sofort mit selbergemachten Nudeln servieren.

Hecht in Riesling mit Petersilienbutter

1 Hecht von ca. 1½ kg,
ausgenommen und geschuppt
Salz und Weißweinessig, 250 g Butter
2 Bund Petersilie, fein gehackt
Salz und Pfeffer

Für den Fischsud:
1 l Riesling, ½ l Wasser, 2 Zwiebeln
mit je 3 Nelken besteckt, 2 Lorbeer-
blätter, 5 Zweige Petersilie, ½ un-
gespritzte Zitrone, 4 Zweige Estragon,
10 Pfefferkörner, 2 TL Salz

Den Fischsud aufstellen und mindestens 20 Minuten köcheln lassen, damit die Gewürze ihr Aroma entfalten können. In der Zwischenzeit den Hecht waschen, innen und außen salzen und mit Essig einreiben. Ziehen lassen. Dann in den Fischsud legen und darauf achten, daß der Sud nicht zum Kochen kommt, er soll nur ständig simmern. Die Butter in einer Kasserole schmelzen lassen und die Petersilie dazugeben, mit Salz und Pfeffer würzen. Nach ca. 20 Minuten ist der Hecht gar. Vorsichtig mit breiten Schaufeln aus dem Sud direkt auf eine vorgewärmte Platte legen. Die heiße Petersilienbutter und Salzkartoffeln getrennt dazu servieren.

Variation: Genau so können auch Forellen und Zander bereitet werden.

Forelle auf Sauerkraut

Bei diesem Rezept wird das Sauerkraut auf eine ganz andere Art zubereitet und paßt dann ausgezeichnet zu der zarten Forelle.

Die Forelle innen und außen salzen und im Kühlschrank ruhen lassen. Das Sauerkraut in einer großen Schüssel mit reichlich kalten Wasser waschen. Die Butter in einem Topf erhitzen und darin die Äpfel und die Zwiebel andünsten. Das Sauerkraut und die Gewürze dazugeben, mit einem Glas Crémant aufgießen und auf kleinem Feuer köcheln. Insgesamt eine Stunde, ab und zu umrühren und Crémant aufgießen. Nun kann man die Forellen entweder auf dem Sauerkraut garen und dann servieren oder in einem Fischsud (siehe Rezept Hecht Seite 80) blaukochen. Ich ziehe diese Variante vor, weil der Fisch dann besser schmeckt. Sauerkraut auf einer großen Platte anrichten und die Fische darauflegen. Dazu passen Salzkartoffeln.

pro Person 1 Forelle
1 kg Sauerkraut
4 EL Butter
2 Boskopäpfel, blättrig geschnitten
1 Zwiebel, kleingewürfelt
2 Lorbeerblätter, 10 Wacholderbeeren
3 Gläser Crémant d'Alsace

Forelle mit Champignons in der Folie

Für jede Portion ein Stück Alufolie abreißen, das ca. 20 cm länger ist als die Fische. Die ausgenommenen Forellen innen und außen mit Salz und Pfeffer einreiben und mit Zitronensaft beträufeln. Auf die Alufolie einige Butterflocken und etwas von dem Petersilie-Knoblauchgemisch geben, den Fisch darauflegen, innen wieder Butterflocken und Petersilie-Knoblauch. Jetzt blättrig geschnittene Champignons auf den Fisch, dann Petersilie-Knoblauch, Butterflocken und Salz. Die Folie oben durch Einrollen schließen und seitlich nach oben knicken, damit kein Saft austreten kann. Auf ein Backblech legen und im auf ca. 200 °C vorgeheizten Backrohr ca. 15–20 Minuten garen. Entweder in der Folie servieren oder die Fische vorsichtig aus der Folie mit allem Saft auf die Teller gleiten lassen. Baguette und eine große Schüssel Salat dazu.

pro Person 1 Forelle, besonders gut die rosa Lachsforelle
2 Bund Petersilie und 2 Knoblauchzehen, miteinander gehackt
Salz und Pfeffer
Saft von 1–2 Zitronen
pro Person 3–4 Champignons
Butter
Alufolie

Zanderfilet auf Lauchjulienne mit Senfsauce

pro Person 150–200 g Zanderfilet
Fischsud (Seite 80)
4 Stangen Lauch, nur das Weiße in
ganz dünne Streifen geschnitten.
Fleischbrühe
1 Bund Schnittlauch in feinen Röllchen

Für die Senfsauce:
Butter zum Andünsten
2–3 Schalotten, kleingehackt
1 Glas Weißwein
1 Glas Fischfond (fertig gekauft)
⅛ l Sahne, Salz, Pfeffer und
2–3 TL groben Dijonsenf

Für die Sauce die Schalotten in der Butter andünsten und der Reihe nach mit den Flüssigkeiten ablöschen und einköcheln. Mit Salz, Pfeffer und dem Senf würzen. Am besten wäre der original französische Dijonsenf mit den groben Senfkörnern, er heißt „Moutarde à l'Ancienne". Die Sauce ganz fein pürieren und warm halten. In der Zwischenzeit den Fischsud kochen und nach 20 Minuten die Filets einlegen und siedend ziehen lassen. Die Lauchstreifen in der Fleischbrühe weichdünsten. Nun einen Spiegel von Senfsauce auf die vorgewärmten Teller geben, in die Mitte einen kleinen Berg von dem Lauchjulienne, vorher abtropfen, und die Fischfilets anlegen, mit Schnittlauch bestreuen und sofort servieren.

Ravioli von Jakobsmuscheln

15 große Jakobsmuscheln
3 Stangen Lauch
ohne das Dunkelgrüne
Butter zum Andünsten
Salz und Peffer
einige Spritzer Zitronensaft
Nudelteig von 500 g Mehl (Seite 106)
5 Eiweiß

Die Jakobsmuscheln in kleine Würfel schneiden, den Lauch ebenso. In einer Kasserole Muschelfleisch und Lauch andünsten, mit Zitrone (sparsam), Salz und Pfeffer zart würzen und solange auf kleinem Feuer dünsten lassen, bis die Flüssigkeit verdampft ist. Dann vom Feuer nehmen und abkühlen lassen.
Nun den Nudelteig sehr dünn ausrollen, und mit einem Weinglas Kreise ausstechen. Auf jeden Kreis einen Teelöffel Muschelfarce legen, die Ränder mit Eiweiß bestreichen, die Nudeltaschen zu Halbmonden klappen und die Ränder mit der Gabelspitze fest zusammendrücken. In sprudelndem Salzwasser ca. 3 Minuten kochen. Die Nudeltaschen werden mit der Senfsauce (Rezept oben) serviert, und richtig gut wird es, wenn man auch noch die Lauchjulienne mit einem kleinen Zanderfilet dazu anrichtet.

Lasagne vom Zander mit Blattspinat

Nudelteig aus 250 g Mehl (Seite 106)
pro Person ca. 150–200 g Zanderfilet
Saft einer Zitrone, 1 kg Blattspinat
Butter zum Andünsten, Salz, Pfeffer
1 kleingehackte Knoblauchzehe
geriebene Muskatnuß, 1 Schuß Sahne
2–3 geschälte und ganz fein
gewürfelte Tomaten
Fischsud (Seite 80)

Sauce mit Noilly Prat:
Butter zum Andünsten
2 Schalotten fein gehackt
4 Champignons, kleingewürfelt
1 große geschälte, gewürfelte Tomate
2 Zweige Estragon und 2 Zweige
Petersilie
5 cl Noilly Prat, 1 Glas Riesling
1 Glas Fischfond (fertig gekauft)
⅛ l Sahne, Salz und Pfeffer

Als erstes den Nudelteig machen, und die mit Folie verpackte Teigkugel kaltstellen.

Für die Sauce die Schalotten, die Pilze und die Tomatenwürfel andünsten, den Estragon und die Petersilie dazugeben und nun der Reihe nach, wie angegeben, mit allen Flüssigkeiten aufgießen. Immer wieder einköcheln lassen. Zum Schluß die Kräuterstengel entfernen und die Sauce ganz fein pürieren. Mit Salz und Pfeffer abschmecken, warm halten. In dieser längeren Kochzeit die übrigen Vorbereitungen treffen.

Den Fischsud kochen. Die Zanderfilets salzen und mit Zitronensaft marinieren, ziehen lassen. Den geputzten Spinat in Butter andünsten, würzen und mit etwas Sahne abrunden.

Den Nudelteig ganz fein ausrollen und mit größeren Untertassen Kreise ausschneiden. 2 Stück pro Person. Nun die Zanderfilets in den Sud legen und simmern lassen. Nudelwasser erhitzen, salzen und 1 EL Olivenöl beigeben, damit die Nudelplatten nicht aneinander kleben, Nudeln ca. 3 Minuten kochen lassen. Nun eine Nudelplatte auf den vorgewärmten Teller legen, diese mit Spinat bedecken, die Zanderfilets drauflegen und mit 3 EL Sauce begießen; mit der zweiten Nudelplatte bedecken und nochmals mit 4–5 EL Sauce begießen. Rundherum mit kleinen Tomatenwürfeln garnieren und sofort servieren.

Variation: Ausgezeichnet schmeckt dieses Gericht auch, wenn man den Spinat durch Lauch ersetzt. Dazu wird der Lauch in feine Streifen geschnitten, die in Brühe ca. 5 Minuten gekocht werden.

Auch die beiden nächsten Fischgerichte sind sehr praktisch, wenn Gäste kommen, denn man kann alles gut vorbereiten und braucht dann, wenn die Gäste da sind, nur kurz die Saucen über den Fisch zu geben und alles nach 20 Minuten wieder aus dem Backofen zu holen. So kann man in aller Ruhe den Aperitif mit seinen Gästen trinken.

Panaché vom Fisch auf Gemüse

Die Fischfilets in größere Würfel teilen, salzen und mit einigen Tropfen Pernod marinieren.

In einer großen Pfanne das Fett erhitzen und die Zwiebel- und Knoblauchscheiben andünsten. Die Zucchini und den Fenchel dazugeben und unter ständigen Wenden weichdünsten. Mit einem Glas Weißwein löschen und noch etwas einköcheln lassen, mit Salz und Pfeffer abschmecken und dann in eine gebutterte Auflaufform füllen. Die Fischstücke darauf verteilen.

Die Crème fraîche mit den Kräutern mischen, salzen und pfeffern und auf den Fischstücken verteilen. Im vorgeheizten Backrohr bei 170 °C ca. 20–30 Minuten backen. Mit Butterkartoffeln servieren. Sehr gut schmeckt dazu aber auch ein guter Reis wie der Basmati-Reis oder der duftende Thai-Reis.

pro Person 150–200 g verschiedene
Fischfilets, es dürfen auch Süß- und
Salzwasserfische gemischt sein, z.B.:
Lachs, Kabeljau, Seeteufel, Heilbutt,
Zander, Forelle
Salz und etwas Pernod
Olivenöl und Butter zum Andünsten
3 Schalotten und 3 Knoblauchzehen
in dünne Scheiben geschnitten
3 Fenchelknollen, in dünnen Streifen
4 kleinere Zucchini, in Scheiben
1 Glas Weißwein, Salz, Pfeffer
500 g Crème fraîche
1 Bund Petersilie, 1 Zehe Knoblauch,
das Grüne vom Fenchel, Blätter von
1 Zweig Estragon, alles zusammen
fein gehackt

Heilbuttfilet „à la Bonne Femme"

*pro Person ca. 150–200 g
Heilbuttfilet*

*Für die Sauce:
4 EL Butter, 4 EL Mehl
Hühnerbrühe oder Geflügelfond
3 Eigelb mit 1 Tasse Sahne verrührt
400 g Champignons, kleingewürfelt
Butter zum Andünsten
Salz und Pfeffer
2 EL gehackte Petersilie
1 EL gehackter Schnittlauch
150 g Champignons in Scheiben
geschnitten*

Heilbuttfilets salzen und ziehen lassen. In einer Kasserole die Butter erhitzen, das Mehl unter ständigem Rühren einstreuen und dann mit dem Geflügelfond langsam ablöschen, bis eine dicksämige Sauce entstanden ist. Salzen und pfeffern und beiseite stellen.
In einer Pfanne Butter erhitzen und die gewürfelten Champignons und Zwiebeln andünsten, ständig wenden, bis keine Flüssigkeit mehr da ist. Salzen und pfeffern und die Kräuter untermischen.
Nun die Sahne mit dem Eigelb verrühren und mit dem Schneebesen unter die Béchamelsauce heben. Die Champignons dazugeben. In der gleichen Pfanne nochmals etwas Butter erhitzen und die Pilzscheiben kurz auf starkem Feuer anbraten, beiseite stellen. Nun die Heilbuttfilets in eine gebutterte Auflaufform legen, die Sauce darauf verteilen und die Pilzscheiben darüberstreuen. Nun ins Rohr schieben und bei 170 °C ca. 20–30 Minuten backen lassen. In der Auflaufform servieren und Salat und Petersilienkartoffeln dazu reichen.

Medaillons vom Seeteufel auf Tomaten-Basilikum-Fond

Dies ist ein Gericht für den Sommer, das man am besten im Freien unter schattigen Weinlauben verspeist.

*800 g Seeteufelfilet
Salz und Zitronensaft
Basilikumblätter,
in grobe Streifen geschnitten
Mehl, Butter zum Ausbraten*

Die Filets vom Seeteufel gut enthäuten und in Scheiben schneiden, salzen und mit Zitronensaft beträufeln, ziehen lassen.
Das Fettgemisch erhitzen und die Zwiebeln und Knoblauchzehen darin andünsten, die Tomatenwürfel dazugeben, salzen und pfeffern und leise köcheln und eindicken lassen. Wenn die Konsistenz sämig ist, das geschnittene Basilikum dazugeben, und noch leicht ziehen lassen.

Die Medaillons vom Seeteufel mit Basilikum belegen, in Mehl wälzen und in der heißen Butter von beiden Seiten auf kleiner Flamme sanft goldbraun ausbraten. Auf die Teller einen Spiegel der Tomatensauce setzen und die Medaillons vom Seeteufel rundum anrichten. Mit Basilikumblättern dekorieren und servieren.

Variation: Die gleichen Basilikum-Medaillons vom Seeteufel passen auch sehr gut zu einem Ratatouille (Seite 95).

Für den Fond:
1 kg Tomaten, geschält und gewürfelt
3 Schalotten und 3 Knoblauchzehen,
in ganz feine Würfel geschnitten
1 Handvoll Basilikumblätter,
in ganz feine Streifen geschnitten
3 EL Olivenöl, 2 EL Butter
Salz und Pfeffer

Lachs in Blätterteig

Ein sehr schönes Gericht, das man gut vorbereiten kann, denn die fertigen Blätterteigtaschen können einige Stunden im Kühlschrank aufgehoben werden.

Die Lachsfilets und das Fischfleisch müssen kalt sein, bevor die Arbeit beginnt. Die Lauchblätter in Salzwasser blanchieren und abtropfen lassen. Den Blätterteig ausrollen und 8 Rechtecke ausschneiden, unbedingt Teig aufheben für Verzierungen. Die Lachsfilets in 8 gleich große Stücke schneiden und salzen und pfeffern. Das Fischfleisch in Würfel schneiden und mit der Sahne und dem Eiweiß in den Mixer geben und pürieren. Nun den Kerbel, die Gewürze und einen Spritzer Pernod in die Masse geben und abschmecken. Auf vier Blätterteigvierecke je ein Stück Lachsfilet geben, so daß rundum ein Teigrand frei bleibt, dann ein Viertel der Fischfarce und wieder ein Lachsfilet, dieses nun mit den abgetrockneten Lauchblättern abdecken. Die Teigränder befeuchten, die restlichen Teigplatten darauflegen und mit den Spitzen der Gabel festdrücken. Aus den Teigresten Dekorationen ausschneiden, mit Eiweiß auf die Teigtaschen kleben und alles mit Eigelb bestreichen. Im vorgeheizten Backrohr bei ca. 200 °C 20–25 Minuten goldbraun backen. Dazu eine Weißweinsauce (Seite 113) mit frischgehacktem Kerbel.

750 g Lachsfilet
400 g Fischfleisch vom Seeteufel
2 Lauchstangen, ohne das Dunkelgrüne, halbiert und in Blätter geteilt
500 g Blätterteig (fertig gekauft)
150 g Sahne
2 Eiweiß
Salz und Pfeffer
2 TL Kerbel frisch gehackt
Spritzer Pernod
2 Eigelb und Eiweiß

87

Lachs auf Sauerampfersauce

Im Elsaß wird der Sauerampfer gerne im Garten gezogen, so daß er das ganze Jahr zur Verfügung steht, am besten und zartesten ist er aber auch da im Frühjahr.

1 kg Lachsfilet
Butter zum Anbraten
Salz und Pfeffer, etwas Zitronensaft

Für die Sauce:
2–3 Schalotten, kleingewürfelt
2 EL Butter
2 Glas Riesling
2 Zweige Petersilie
1 Zweig Estragon
200 ml Sahne
3 Eigelb und eine große Tasse Sahne
1 dicker Bund Sauerampferblätter

Das Lachsfilet in ca. 2 cm breite Streifen schneiden und mit dem Zitronensaft und dem Salz marinieren, in den Kühlschrank stellen. Die Schalotten in der Butter glasig dünsten, ohne sie braun werden zu lassen, die Kräuter dazugeben. Mit einem Glas Weißwein löschen und einköcheln, mit dem 2. Glas Weißwein löschen und nur noch 5 Minuten köcheln lassen. Jetzt mit der Sahne aufgießen und die gesamte Flüssigkeit auf kleinstem Feuer etwas reduzieren. Die Kräuterzweige herausholen und die Sauce pürieren. Den Sauerampfer in Streifen schneiden, die Sahne mit den Eigelb verrühren. Den Sauerampfer in die leise köchelnde Sauce geben, 1 Minute mitköcheln lassen, das Sahne-Eigelb-Gemisch dazurühren und erhitzen, aber nicht mehr kochen lassen. Die Sauce mit Salz und Pfeffer abschmecken. Die Lachsscheiben in heißer Butter schnell braun braten. Die Sauce auf die Teller verteilen, die Lachsscheiben darauflegen. Dazu passen sehr gut neue Kartoffeln in Butter und Petersilie geschwenkt.

Lachs gratiniert auf Blattspinat

pro Person ca. 150 g Lachsfilet
Salz und Zitronensaft
1,5 kg Blattspinat (Seite 98)
Béchamelsauce (Seite 112)
3 Eier, getrennt
1 Tasse Sahne
1 Handvoll Kerbel, kleingehackt
Salz und Pfeffer
Butter für die Auflaufform

Die Lachsfilets in 5 cm breite Streifen schneiden, salzen und mit Zitronensaft beträufeln. Die Auflaufform ausbuttern und den Boden mit gedünstetem Blattspinat bedecken. In einer Kasserole die Béchamelsauce kochen, die 2 Eigelb mit der Sahne verrühren und vorsichtig unterziehen, den Kerbel ebenso. Den Eischnee steif schlagen und unter die Béchamelsauce heben. Die Lachsstücke auf den Blattspinat legen und mit der Sauce bedecken und die Auflaufform in den vorgeheizten Ofen schieben. Bei 160 °C in ungefähr 20–30 Minuten backen. Sofort servieren. Kleine Petersilienkartoffeln passen ausgezeichnet dazu.

Seezunge mit Kräutern

Den Seezungen auf der dunklen Seite mit einem spitzen Messer die Haut in Rauten einritzen. Anschließend die Fische salzen und pfeffern und mit Zitronensaft beträufeln. Öl und Kräuter gut miteinander vermischen und leicht salzen und pfeffern. Nun entweder eine sehr große, flache Auflaufform oder für jede Person eine kleinere ausbuttern, die Seezungen mit der eingeritzten Seite nach oben hineinlegen und mit der Kräuter-Öl-Mischung begießen. Die Tomatenwürfel auf den Fischen verteilen, die Form in das vorgeheizte Backrohr schieben und bei 200 °C ca. 25 Minuten backen lassen. Sollte die Auflaufform am Boden zu braun werden, nach ca. 10 Minuten etwas Weißwein nachgießen. Mit Baguette servieren.

Variation: Auf diese Art können Sie im Sommer fast alle Portionsfische bereiten, besonders schmackhaft ist die Goldbrasse.

pro Person 1 Seezunge
Salz und Pfeffer
Zitronensaft
1 Bund Petersilie,
1 EL frische Rosmarinnadeln,
Blätter von 4 Thymianzweigen,
3 Knoblauchzehen,
alles zusammen fein gehackt
1 Tasse Olivenöl
8 Tomaten geschält und gewürfelt
Butter zum Fetten der Form
evtl. etwas Weißwein

Flußkrebsschwänze mit Nudeln

Als erstes den Nudelteig kneten und die Teigkugel in Folie eingewickelt kühlstellen. In einer Kasserole die Butter erhitzen und Zwiebeln, Knoblauch und Champignons darin andünsten, dann die Tomatenwürfel und die Petersilie dazugeben, leicht salzen und pfeffern und sanft köcheln lassen. Wenn die Flüssigkeit verdampft ist, mit dem Weißwein löschen, reduzieren und dann mit dem Geflügelfond ablöschen. Wieder reduzieren, Sahne dazugeben und noch leicht einköcheln. Nun die Petersilienzweige herausnehmen und die Sauce in einem Mixer fein pürieren. Während die Sauce leise köchelt, den Nudelteig ganz dünn ausrollen und Bandnudeln schneiden, in lockere Nester legen. Wenn die Sauce fertig ist, die Krebsschwänze einlegen und sieden lassen, die Nudeln 3 Minuten in sprudelndem Salzwasser kochen, abgießen und kurz mit erhitzter Butter mischen. In eine weite, vorgewärmte Schüssel geben und die Sauce mit den Flußkrebsschwänzen darübergießen. Dieses Gericht schmeckt natürlich auch mit Krabben.

pro Person mindestens
6 Flußkrebsschwänze
Bandnudeln aus 500 g Mehl (Seite 106)
50 g Butter für die Nudeln

Für die Sauce:
2 EL Butter, 3 Schalotten und
1 Knoblauchzehe kleingehackt
5 Champignons, kleingewürfelt
4 Tomaten geschält und gewürfelt
4 Zweige Petersilie, Salz und Pfeffer
1 Glas Weißwein, 1 Glas Geflügelfond
(fertig gekauft), ⅛ l Sahne

Gemüse als Beilage oder als Hauptgericht

Die Gemüsegärten spielen im Elsaß seit jeher eine große Rolle, obwohl man sie oft gar nicht sieht. Fährt man durch ein Dorf, so steht ein Bauernhaus direkt neben dem anderen. Zur Straße hin sieht man die Giebelseiten des Wohnhauses und des Nebengebäudes, verbunden durch einen hohen Torbau, in dem das große Tor für die Fuhrwerke und die kleinere Tür für Menschen ist. Stehen die Tore tatsächlich einmal offen, kann man einen Blick in den Innenhof werfen, mit großen Stall- und Nebengebäuden, schönen Holzaltanen, an denen die Maiskolben hängen, und im Sommer rote Geranien und andere Blumen an jedem freien Platz. Sind die Tore zu, ist ein Elsässer Hof wie eine Burg, abgeschlossen gegen die Außenwelt und mit Sicherheit und Geborgenheit für die Bewohner. Hat man das Glück und ist zufällig in der Gegend, wenn ein Dorf im Sommer „Porte Ouverte" feiert, so wie beispielsweise Seebach oder Uhrwiller, wird man erst die ganze Vielfalt der Innenhöfe kennenlernen und genießen können. Die Gemüsegärten sieht man aber auch bei geöffneten Toren nicht, sie schließen sich nach hinten an, beginnen an der Rückseite der quergebauten Stall- und Tennengebäude. In Dörfern, die dazu zu eng gebaut worden waren, oder in denen manche Häuserzeilen zu nah am Hang stehen, um dort einen Garten anzulegen, schließen sich direkt an den Ortsrand flache Felder an, an denen jeder Hof seinen eigenen Gartenanteil hat. Da reiht sich dann für alle sichtbar, Gemüsegarten an Gemüsegarten.

Erbsen mit Speck

Eines der beliebtesten Gemüse der Franzosen ist die Erbse und da macht auch der Elsässer keine Ausnahme, vor allem, wenn Speckwürfel dabei sind.

500 g Erbsen ohne Schale
1 Handvoll ganz klein
geschnittene Speckwürfel
1 Zwiebel, kleingewürfelt
½ Bund Petersilie, fein gehackt
100 g Sahne, 1 EL Butter
Salz und Pfeffer

Die Erbsen kurz in kochendem Salzwasser blanchieren. Die Butter erhitzen, die Zwiebel mit den Speckwürfeln andünsten, die Erbsen dazugeben und salzen und pfeffern. Auf ganz kleinem Feuer unter Rühren sanft dünsten. Nach 10 Minuten die Petersilie und die Sahne dazugeben. Nochmals 5 Minuten köcheln lassen. Im Frühjahr schmeckt es köstlich, wenn man den Erbsen als Begleiter noch in Butter geschwenkte kleine Möhren beigibt und als Beilage neue Kartoffeln.

Karottenpüree

Versuchen Sie mal diese Variation des Pürees, nicht nur die Farbe wird Sie begeistern. Als Beilage eignet es sich hervorragend zu Schmorbraten aller Art.

6–8 mehlige Kartoffeln
10 Karotten
2 EL Butter
1–2 Zwiebeln, kleingehackt
Milch
ein Schuß Sahne
Salz und Pfeffer

Die Butter erhitzen und die Zwiebel darin glasig andünsten. Nun die in Würfel geschnittenen Kartoffeln und die in Scheiben geschnittenen Möhren dazugeben. Salzen und pfeffern, mit Wasser aufgießen, daß das Gemüse nicht anbrennt. Das Gemüse gut garen und mit einem Stampfer zerdrücken. Etwas erwärmte Milch, einen Schuß Sahne und einen Klecks Butter mit dem Schneebesen einrühren, bis das Püree die richtige Konsistenz hat. Mit Salz und Pfeffer abschmecken und mit dem Schneebesen nochmal fest durchschlagen, damit das Püree schön cremig wird.

Überbackene Tomaten

Bei den Tomaten den Stielansatz als Scheibe abschneiden, die Tomate mit einem Löffel etwas aushöhlen und innen salzen. Nun die entstandene Höhlung mit Petersilie-Knoblauchgemisch füllen und jeweils einen Klecks Butter daraufsetzen. Die Tomaten in einer gebutterten Auflaufform im vorgeheizten Rohr 10 Minuten überbacken. Die Sahne mit dem Parmesan vermischen, auf jede Tomate 1–2 EL von dieser Mischung setzen und nochmal im Rohr überbacken, bis die Käsehaube schön goldbraun ist.

pro Person 1 Tomate
1 Bund Petersilie und 2 Zehen
Knoblauch miteinander fein gehackt
Salz
etwas Butter
5 EL Sahne
4 EL frisch geriebener Parmesan

Schmortomaten

Die Stielansätze bei kleinen Tomaten als Scheibe abschneiden, größere Tomaten halbieren und die Schnittflächen salzen und pfeffern. Den Boden einer weiten Pfanne mit Olivenöl bedecken und erhitzen, das Petersilie-Knoblauch-Gemisch dazugeben und die Tomaten mit der Schnittfläche nach unten hineinsetzen. Bei mittlerer Hitze 5 Minuten ohne Deckel und dann mit Deckel noch ca. 10–15 Minuten garen lassen.

pro Person 1–2 Tomaten
1 Bund Petersilie und 3 Knoblauch-
zehen, zusammen kleingehackt
Salz und Pfeffer
Olivenöl

Grüne Bohnen mit Speck

Die grünen Bohnen in Salzwasser einige Minuten blanchieren und abgießen. In einem weiten Topf die Butter erwärmen und die Zwiebel und den Speck andünsten. Die Bohnen dazugeben, und weichdünsten. Wenn nötig, etwas Wasser hinzufügen. Salzen und pfeffern und die Petersilie untermischen.

700 g grüne Bohnen
1 Handvoll Speck, kleingewürfelt
1 Zwiebel, fein gehackt
½ Bund Petersilie fein gehackt
2 EL Butter, Salz und Pfeffer

Ratatouille

Natürlich ist die Ratatouille eigentlich aus dem Süden, aber Auberginen und Tomaten wachsen auch hier in den Gärten, und auch hier ist der Sommer heiß und trocken. Dann ist es Zeit für die Ratatouille.

Aubergine, Zucchini und Paprikaschoten in Würfel schneiden und in getrennte Schüsseln geben. Nun in einer Pfanne Öl erhitzen und die Zwiebeln, den Knoblauch und die Zucchinischeiben andünsten, salzen und pfeffern. In der Zwischenzeit in einer zweiten Pfanne Öl erhitzen und die Auberginenwürfel andünsten, ständig wenden, salzen und pfeffern. Nach ca. 5 Minuten die Paprikawürfel und die Thymianblättchen zu den Zucchini geben. Auf kleinem Feuer dünsten lassen und nach 10 Minuten die Tomatenviertel dazugeben. Weiter köcheln lassen, bis alles gar ist. Kurz vor dem Servieren die weich gegarten Auberginenwürfel untermischen.

1 große oder 2 kleine Auberginen
3 kleine Zucchini
1 gelbe und 1 grüne Paprikasschote
6 Tomaten, geschält und geviertelt
2 Schalotten und 4 Knoblauchzehen,
in dünne Scheiben geschnitten
die Blätter von 4–5 Zweigen Thymian
Salz und Pfeffer
Olivenöl zum Anbraten

Gurkengemüse

Für dieses Gemüse werden die extra dicken Schmorgurken verwendet, die voll ausgereift eine teilweise gelbe Haut bekommen.

Die Gurke schälen und der Länge nach halbieren. Mit einem großen Löffel die Kerne herausschaben. Die Gurken in breite Streifen schneiden. Die Butter erhitzen und die Zwiebeln andünsten, die Gurkenstreifen dazugeben, salzen und pfeffern und weichdünsten. Nach ca. 10 Minuten die Hälfte des Dill und nach Beendigung der Garzeit den Rest Dill mit der Crème fraîche dazugeben. Nach der Zugabe der Crème fraîche das Gemüse noch 2 Minuten ziehen lassen, aber nicht mehr kochen, nochmals abschmecken.

1 Schmorgurke
1 Zwiebel, kleingehackt
1 Bund Dill, ganz fein geschnitten
Butter zum Andünsten
Salz und Pfeffer
4 gehäufte EL Crème fraîche

Natürlich wird im Sommer auch im Elsaß besonders viel Gemüse gegessen. Und wie schon erwähnt gehört die Zucchini zu den Pflanzen, die es dann in Hülle und Fülle gibt. Aber trotz des schier unerschöpflichen Angebots wird sie vielen unserer Nachbarn nie über. Ganz besonders beliebt sind die Zucchini à la Crème.

Zucchini à la Crème

5–6 Zucchini, möglichst jung,
in Scheiben
3 Schalotten und 2 Zehen Knoblauch
in feine Scheiben geschnitten
1 Bund Petersilie, fein gehackt
Olivenöl zum Anbraten
1 Glas Weißwein
3 gehäufte EL Crème fraîche
Salz und Pfeffer

Das Olivenöl in einer weiten Eisenpfanne heiß werden lassen und die Zwiebel- und Knoblauchscheiben darin andünsten, aber nicht braun werden lassen, die Zucchinischeiben dazugeben, salzen und pfeffern und sie bei ständigem Wenden auf großer Flamme schnell anbraten. Darauf achten, daß sie nicht zu braun werden. Mit dem Weißwein löschen, das Feuer kleinstellen und das Gemüse gar dünsten, salzen und pfeffern. Die Petersilie darüberstreuen und die Crème fraîche unterziehen.

Artischocken mit Vinaigrette

pro Person 1 Artischocke

Für die Vinaigrette:
Sonnenblumenöl, Rotweinessig
Salz und Pfeffer
3 hartgekochte Eier ganz klein
gehackt
1 Bund Schnittlauch in Röllchen

Den Artischocken die Blattspitzen abschneiden und sie in reichlich Salzwasser mindestens 30 Minuten gar kochen. Die Artischocken sind gar, wenn sich die Blätter leicht lösen lassen. In der Garzeit die Vinaigrette anrühren und gut verquirlen. Die Artischocken in einer großen Schüssel, die später für die Blätterabfälle benutzt wird, servieren und die Vinaigrette jedem in einer kleinen Extraschüssel neben den Teller stellen.

Variation: Dieses Rezept ist durchaus auch ein Hauptgericht, wenn zu zwei Artischocken drei verschiedene Saucen (Seite 34) serviert werden.

Mangoldblätter

Mangold ist in Frankreich und auch in Italien wesentlich bekannter als in Deutschland und er wird hier fast das ganze Jahr angeboten. Bereitet man, wie gleich beschrieben, Stengel und Blätter getrennt zu, erschließt sich einem die ganze Köstlichkeit des Mangoldgemüses.

In einem Topf das Fett erhitzen und die Zwiebeln und den Knoblauch kurz glasig dünsten, die Tomatenwürfel dazugeben, salzen und pfeffern und 5 Minuten dünsten lassen. Nun die in Streifen geschnittenen Mangoldblätter untermischen und bei geschlossenem Deckel garen. Evtl. manchmal einen kleinen Schuß Wasser beigeben, damit das Gemüse nicht ansetzt.

die Blätter von ca. 1–1½ kg Mangold
2 Zwiebeln und 2 Knoblauchzehen, kleingewürfelt
5 Tomaten, geschält und gewürfelt
Salz und Pfeffer
Olivenöl und Butter, gemischt zum Andünsten

Mangoldstiele gratiniert

Die Stiele in breite Streifen schneiden und in Salzwasser garen. Die Béchamelsauce bereiten, die Sahne mit den Eigelb verquirlen und mit dem Parmesan unterrühren. Die fertigen Mangoldstiele mit der Béchamelsauce vermischen und in eine gebutterte Auflaufform geben, mit Butterflöckchen bestreuen und im vorgeheizten Backrohr bei 200 °C leicht braun gratinieren.

die Stiele von ca. 1–1½ kg Mangold
Salz und Pfeffer
Béchamelsauce (Seite 112)
3 Eigelb, 1 Tasse Sahne
4 EL frisch geriebenen Parmesan
Butterflöckchen

97

Spinat

An diesem beliebten Blattgemüse scheiden sich die Geister zwischen alt und jung. Die Älteren mögen ihn durchgedreht wie die Großmutter ihn schon gemacht hat, die Jungen bevorzugen den kurzgegarten Blattspinat. Dies ist ein zartes Gemüse und ein besonders guter Begleiter zu Fisch.

1½ kg Spinat waschen und die dicken Stiele entfernen,
nur die größten Blätter klein rupfen
3 EL Butter zum Andünsten
1 Zwiebel und 2 Zehen Knoblauch kleingewürfelt
Salz, Pfeffer und frisch geriebene Muskatnuß, 1 Schuß Sahne

Die Butter in einem großen Topf erwärmen und die Zwiebel und den Knoblauch andünsten. Die Spinatblätter dazugeben, Deckel schließen und ab und zu wenden, bis der Spinat zusammengefallen ist. Nun ohne Deckel bei großer Flamme erhitzen, damit die Flüssigkeit verdampft, die Gewürze dazugeben und kurz vor dem Servieren die Sahne.

Lauch

Lauch ist ein herrliches und preiswertes Wintergemüse und ein köstlicher Begleiter zu kurzgebratenem Fleisch. Wenn Sie es mal sehr eilig haben, servieren Sie ein Steak mit Lauchgemüse und Schmortomaten. Schnell und gut.
Pro Person eine Stange Lauch, das zu dunkle Grün entfernen, die Stangen ein Stück weit halbieren und säubern. Anschließend in Geflügelfond oder in Fleischbrühe gar dünsten und servieren.

98

Grüne Bohnen mit Tomaten

Die Bohnen 2–3 Minuten im kochenden Wasser blanchieren. In einem Topf das Olivenöl erhitzen und die Zwiebel und das Petersiliengemisch andünsten. Salzen und pfeffern und die Tomatenwürfel dazugeben. Nach 2 Minuten die Bohnen dazu und unter gelegentlichem Wenden auf kleinem Feuer garen. Wenn nötig, etwas Wasser beigeben.

700 g grüne Bohnen
1 Zwiebel, kleingehackt
1 Bund Petersilie und 2 Zehen
Knoblauch, zusammen fein gehackt
4–5 Tomaten, geschält und gewürfelt
Olivenöl zum Andünsten
Salz und Pfeffer

Blumenkohl und Brokkoli gratiniert

Dies ist in kleinerer Menge und ohne den Schinken eine Beilage zu allen möglichen Fleischgerichten. Nimmt man aber etwas mehr, dabei Brokkoli und Blumenkohl gleichzeitig, so ist dieser Auflauf mit Butterkartoffeln als Beilage ein leichtes und bekömmliches Hauptgericht. Hier als Hauptgericht für 4 Personen.

Blumenkohl und Brokkoli in Salzwasser garen, aber nicht zu weich werden lassen. Abtropfen und abkühlen lassen und die Röschen grün und weiß gemischt in eine gebutterte Auflaufform setzen. Die Schinkenwürfel daraufstreuen. Die Milch und die Sahne mit den Eiern und den Gewürzen mischen und mit dem Schneebesen kräftig schlagen. Über das Gemüse gießen. Die Tomatenviertel überall zwischen den Blumenkohl und den Brokkoli stecken und alles mit dem geriebenen Käse bestreuen. Als letztes Butterflöckchen verteilen. Den Auflauf in den vorgeheizten Backofen schieben und bei 180 °C ca. 30 Minuten goldbraun backen. Petersilienkartoffeln dazu.

1 Blumenkohl
2–3 Brokkolirosen
4 Scheiben gekochter Schinken,
in Würfel geschnitten
4 Eier
2 Tassen Milch
1 Tasse Sahne
Salz und Pfeffer
geriebene Muskatnuß
3 Tomaten, geschält und geviertelt
100 g geriebenen Emmentaler
Butterflöckchen

Rotkraut

1 Rotkraut
1 Zwiebel, mit drei Nelken besteckt
2 Boskopäpfel
Schmalz zum Andünsten
1 Schuß Rotweinessig
Salz und Pfeffer

Vom Rotkraut die Strünke großzügig entfernen und es möglichst fein hobeln. In einem Topf das Fett erhitzen. Am besten ist Gänse- oder Entenschmalz. Die Äpfel in ganz feine Schnitze schneiden und mit dem Kraut und der Zwiebel dazugeben, unter Rühren dünsten. Dann mit etwas Wasser ablöschen und leise weiter köcheln, insgesamt ca. 1 Stunde. Immer wieder umrühren und evtl. Wasser dazugeben, damit das Kraut nicht ansetzt. Wenn es schön weich ist, pfeffern, salzen und mit einem Schuß Essig abschmecken.

Variation: Zu Gänsebraten und auch zu Wild ißt man hier am Rande der Wälder gerne Rotkraut mit Keschten. Dazu schält man ca. 200–300 g Maroni und gibt sie ca. eine Viertelstunde vor Beendigung der Kochzeit zum Kraut dazu.

Weißkraut mit Crème fraîche

1 Kopf Weißkraut
2 Zwiebeln, in Würfel geschnitten
1 Zehe Knoblauch, kleingewürfelt
2 EL Butter, Salz und Pfeffer
250 g Crème fraîche

Die Weißkrautköpfe vierteln und die Strünke großzügig entfernen, das Kraut in nicht zu kleine Stücke schneiden. Die Butter erhitzen und die Zwiebeln und den Knoblauch glasig dünsten. Das Weißkraut dazugeben und unter Rühren weichdünsten. Ab und zu etwas Wasser oder Weißwein beigeben, damit das Kraut nicht ansetzt. Salzen und pfeffern und Crème fraîche dazugeben, nochmal kurz durchgaren.

Wirsing mit Speck

Den Wirsingkopf vierteln und in reichlich Salzwasser blanchieren und fast gar kochen. Das Gemüse aus dem Wasser holen und abtropfen lassen, jetzt erst die Strünke entfernen und die Viertel in eine gebutterte Auflaufform legen. In einer Pfanne die Butter erhitzen und den Speck und die Zwiebel anbraten. Braun, aber nicht schwarz werden lassen. Nun mit der Sahne löschen, salzen und pfeffern und etwas einköcheln lassen. Die Sahnesauce über den Wirsing geben und das Ganze im vorgeheizten Backofen bei 200 °C ca. 15 Minuten backen.

1 Wirsingkopf
100 g kleingewürfelter geräucherter Speck
1 große Zwiebel, kleingewürfelt
Salz, Pfeffer
¼ l Sahne
1 EL Butter

Wirsingpüree

Die Kartoffeln ohne Schale kochen und abgießen. Das Wasser auffangen und darin den Wirsing weichkochen, auch abgießen und gut abtropfen lassen. Milch, Sahne und Butter erwärmen. Die Kartoffeln mit einem Kartoffelstampfer gut zerdrücken und das Milch-Sahne-Gemisch mit dem Schneebesen einrühren. Kräftig durchschlagen, damit der Brei schön locker wird. Nun die Wirsingstreifen unterheben und alles mit Salz, Pfeffer und geriebenem Muskat abschmecken. Dieses winterliche Püree paßt zu allen Braten mit viel Sauce.

500 g mehlig-festkochende Kartoffeln
250 g Wirsing, in ganz dünne Streifen geschnitten
ca. 100 ml Sahne und 100 ml Milch
3 EL Butter
Salz, Pfeffer und geriebene Muskatnuß

Kohlrabigratin

Die Kohlrabi in der Butter andünsten, salzen und pfeffern, immer wieder wenden. Damit der Kohlrabi nicht ansetzt, ab und zu etwas Fleischbrühe dazugeben. Die Béchamelsauce bereiten und die fertig gegarten Kohlrabischeiben untermischen. In eine gebutterte Auflaufform geben, mit dem Reibekäse bestreuen und im vorgeheiztem Backofen bei 200 °C ca. 15 Minuten backen.

4 Kohlrabi, geschält, halbiert und in dünne Scheiben geschnitten
2 EL Butter, Fleischbrühe
Salz und Pfeffer
Béchamelsauce (Seite 112)
1 Handvoll geriebener Käse

Beilagen und Teigwaren

Kartoffelplätzchen mit Speck

Die Kartoffeln in der Schale kochen, noch heiß schälen und durch die Kartoffel-presse in eine große Schüssel drücken. Die Gewürze auf die Kartoffeln geben, die Eier daraufschlagen und zu Beginn mit 5 EL Mehl alles gut durchkneten und – das ist nun eine Gefühlssache – evtl. nochmals etwas Mehl beigeben. Der Teig muß Haftung haben, aber doch noch locker sein. Nun den Speck in ganz wenig Butter in der Pfanne bräunen, herausnehmen und abtropfen lassen und unter den Kartoffelteig mischen, ebenso die Petersilie. Dann mit nassen Händen kleine Kugeln aus dem Teig formen, flachdrücken und die Plätzchen in reichlich heißem Öl goldbraun braten. Hat man mit dieser angegebenen Portion mehr gemacht, als man bei einer Mahlzeit brauchen kann, lassen sich die leicht angebratenen Kar-toffelplätzchen auch gut einfrieren.

6–7 mehlig-festkochende Kartoffeln
Salz, Pfeffer und geriebener Muskat
2 Eier, einige EL Mehl
100 g kleine Speckwürfelchen
1 Bund Petersilie, kleingehackt
Butter und Öl zum Ausbraten

Pommes Rissolet

Eine sehr beliebte, spezielle Form von Bratkartoffeln.

1 kg festkochende Kartoffeln
2 Zwiebeln, kleingehackt
Salz und Pfeffer
Schmalz zum Ausbraten, am besten
Gänse- oder Entenschmalz

Die Kartoffeln in der Schale kochen, schälen und in verhältnismäßig kleine Würfel schneiden. In einer großen Pfanne die Zwiebeln im Schmalz glasig dünsten, die Karoffelwürfel dazugeben. Nun unter ständigem Wenden die Kartoffeln braun braten.

Kartoffelpfanne

Wenn im späten Frühjahr die ersten einheimischen neuen Kartoffeln auf den Markt kommen, so ist das jedes Jahr ein lang erwartetes Fest. Die Kartoffelpfanne schmeckt am besten mit ganz frischen Kartoffeln und ist die ideale Ergänzung, wenn es nur Gemüse geben soll.

12 neue Kartoffeln
8 Schalotten in Vierteln
5 Karotten in dickeren Scheiben
4 EL Olivenöl
Salz und Pfeffer
2 EL frische Rosmarinnadeln
8 Salbeiblätter in feinen Streifen
3 Knoblauchzehen zerdrückt

Die Karotten in 2–3 cm lange Stücke schneiden und in kochendem Wasser ca. 5 Minuten blanchieren. Die Kartoffeln gründlich waschen und evt sogar bürsten, dann in größere Würfel schneiden und in eine Schüssel geben. Die Schalotten dazugeben, ebenso die Karotten. Das Olivenöl mit den Kräutern, Salz, Pfeffer und den Knoblauchzehen mischen und mit dem Gemüse in der Schüssel gründlich vermengen. Eine große, flache Auflaufform ausbuttern, das Kartoffelgemisch darin verteilen, in das vorgeheizte Backrohr schieben und bei 150 °C ca. 1 Stunde backen.

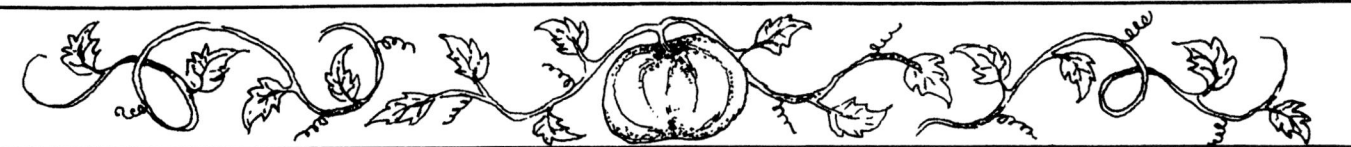

Gratin Dauphinois

In früheren Zeiten wurde das Gratin nur mit Sahne bereitet, aber ganz so fett muß es nicht sein, halb Sahne halb Milch vermindert auch nicht die Qualität des Gratin.

Die geschälten Kartoffeln in dünne Scheiben schneiden, die Sahne und die Milch mit den Gewürzen verquirlen. Die Kartoffelscheiben untermischen. Eine flache Auflaufform ausbuttern, mit der Knoblauchzehe ausreiben und das Sahne-Kartoffel-Gemisch hineingeben, in den vorgeheizten Backofen schieben und bei 170 °C in 30–40 Minuten garen und goldbraun backen.

8–10 mehlig-festkochende Kartoffeln
¼ l Milch, ¼ l Sahne
Salz, Pfeffer und geriebener Muskat
Butter, 1 Knoblauchzehe

Variation: Eine ganz andere Geschmacksnuance erhält das Gratin, wenn man statt des klassischen Muskats, 10 im Mörser zerdrückte Wacholderbeeren gibt. In dieser Form ist das Gratin auch ein guter Begleiter zu Wild.

Rahmkartoffeln mit Kerbel

Die Kartoffeln in der Schale kochen, schälen und in dickere Scheiben schneiden. Die Butter erhitzen, das Mehl einrühren und anschwitzen, mit dem Geflügelfond und anschließend langsam mit der Sahne ablöschen, bis man eine sämige Sauce hat. Mit Salz und Pfeffer abschmecken, die Kartoffelscheiben dazugeben und erhitzen, jetzt den Kerbel untermischen und nochmals 2 Minuten ziehen lassen. Schmeckt gut zu gegrilltem Fleisch und Salat.

8 festkochende, speckige Kartoffeln
2 EL Butter
2 EL Mehl
½ Tasse Geflügelfond
1 Tasse Sahne
Salz und Pfeffer
1 Handvoll frisch gehackter Kerbel

Variation: Diese Kartoffeln kann man gut mit Petersilie oder auch Schnittlauch zubereiten.

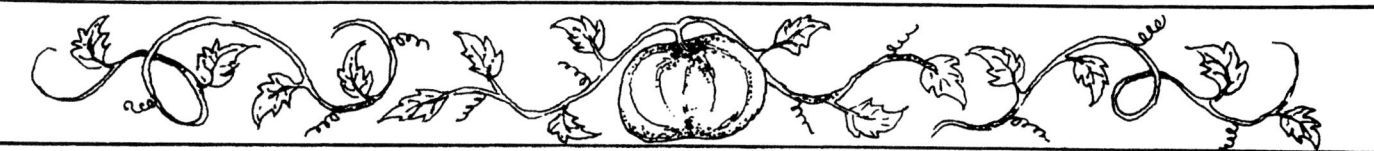

Nudelteig

Nudeln – und da vor allem selbstgemachte – sind eine sehr beliebte Beilage zu Fleisch- und Fischgerichten.

500 g Mehl
5 Eier
Salz und Pfeffer
eine Prise geriebene Muskatnuß
1 EL Öl

Das Mehl in eine weite Schüssel geben, die Eier in die Mitte einschlagen, Gewürze darüberstreuen, Öl dazugeben und nun alles schnell und ausdauernd kneten. Es muß ein fester, sehr glatter Teig entstehen. Den fertigen Teigballen mit Öl einreiben, in eine Folie wickeln und ca. ½ Stunde ruhen lassen. Dann den Teig dritteln und auf einer gut bemehlten Arbeitsfläche so dünn wie möglich ausrollen, die Oberfläche ebenfalls bemehlen und den Teig in jede beliebige Form schneiden.

Spätzleteig

Die Vorliebe für selbergemachte Spätzle hat der Elsässer mit seinen Nachbarn auf der rechten Rheinseite, den „Schwobn" gemein. Schwob heißt im Elsaß jeder Deutsche, und das ist nicht unbedingt geringschätzig gemeint.

500 g Mehl
7 Eier
3 EL Wasser
Salz, Pfeffer
1 Prise Muskat

Mehl und Salz in einer Schüssel mischen, die Eier und das Wasser dazugeben und mit einem hölzernen Kochlöffel den Teig schnell durchschlagen, indem man mit dem Löffel immer wieder von unten in den Teig fährt und ihn gegen den Schüsselrand hochzieht, bis er Blasen schlägt. 10 Minuten stehen lassen und nochmals wie vorher beschrieben durcharbeiten. Nun reichlich Wasser mit Salz kochen und die Spätzle durch ein Spatzensieb ins Wasser reiben. Wenn die Spätzle hochkommen, sie mit einem Schaumlöffel rausholen, abtropfen lassen und in einer Pfanne mit Butter erwärmen. Mit Salz, Pfeffer und Muskat abschmecken. Wenn man die Spätzle traditionell zubereiten will, befeuchtet man ein Küchenbrett mit Griff, gibt 3–4 Löffel Teig auf das Brett und schabt ihn mit dem Messer in schmalen Streifen direkt in das kochende Wassser. Diese Spätzle werden etwas größer und saucentauglicher, die Zubereitung erfordert aber Übung.

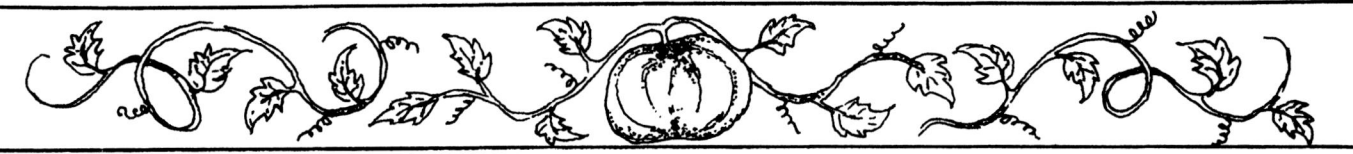

Nicht direkt eine Beilage, jedoch bei Vorspeisen und Desserts gleichermaßen benötigt werden die drei folgenden Teigsorten.

Mürbeteig

Eine Hausfrau aus dem Elsaß macht eigentlich selten Teig nur für eine Tarte, oder einen Zwiebelkuchen, das ist wirklich zu wenig. Und da diese Mürbeteigkuchen, ob süß oder salzig, so wenig Teig haben, kann man auch leicht 2–3 Stücke verzehren, wenigstens hier im Elsaß.

Es gibt den salzigen und den süßen Mürbeteig und ich erkläre hier beide, ganz nach ihrer Wahl, obwohl viele Leute auch den Teig für Obstkuchen nicht süßen. Aber das sei jedem persönlich überlassen.

Salziger Mürbeteig

250 g Mehl
130 g Butter
1 Ei
½ TL Salz
2–3 EL Milch

Das Mehl auf ein Backbrett sieben und in die Mulde die zimmerwarme, in kleine Flocken geschnittene Butter, das Ei und das Salz geben. Mit den Händen schnell durchkneten, daß das Ganze krümelig wird, nun die Milch dazu und kurz den Teig zu einer Kugel kneten, in Folie wickeln und anschließend mindestens 2 Stunden im Kühlen ruhen lassen. Dann den Teig halbieren und auf einer bemehlten Unterlage möglichst schnell ausrollen und in die gebutterte Tarteform geben, mit einem Messer direkt am Rand abschneiden. Mit einer Gabel kleine Löcher in den Boden stechen.

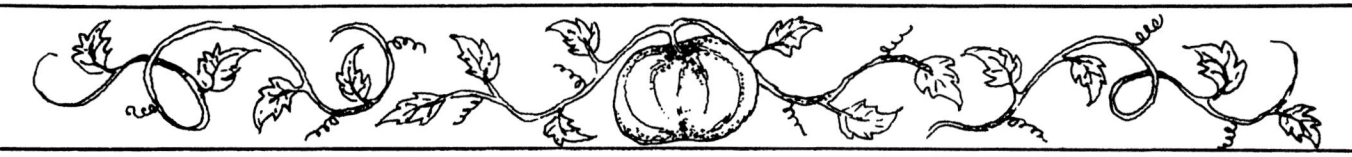

Süßer Mürbeteig

Die Butter und den Zucker in einer Schüssel zusammen schaumig schlagen, das Ei dazugeben und nochmal 1 Minute weiterrühren. Nun das Mehl darübersieben, das Salz dazu, und alles kurz und schnell zusammenkneten. Die Teigkugel mit einer Folie bedeckt ca. 2 Stunden kaltstellen. Weitere Verarbeitung wie der salzige Mürbeteig.

125 g weiche Butter
90 g Zucker
1 Ei
250 g Mehl
1 Prise Salz

Crêpeteig

Nun ein anderer Teig, der sowohl salzig als auch süß verwendet wird, der Crêpeteig. Crêpeteig wird eigentlich nicht gezuckert und erst die Zugaben entscheiden, ob es ein Hauptgericht oder ein Dessert ist. Aber auch hier steht es in Ihrem Ermessen, dem Teig, wenn sie ihn für ein Dessert verwenden, noch Zucker hinzuzufügen.

Für den Teig mit einem Schneebesen alle Zutaten miteinander verrühren und dann mindestens 1 Stunde ziehen lassen damit das Mehl ganz ausquillt. Die Pfanne erhitzen und nur mit Fett auspinseln, den Teig (nicht zuviel) hineingeben. Indem man die Pfanne schräg hält und kreisend bewegt, kann der Teig ganz dünn zerlaufen. Die fertiggebackenen Crêpes aufeinanderschichten und zwischen zwei Tellern im leicht geheizten Backrohr warmhalten oder jede Portion einzeln servieren.

250 g Mehl
³/₈ l Milch und ¹/₈ l Wasser,
miteinander verrührt
2 Prisen Salz
5 Eier
2 Eigelb
2 EL Öl

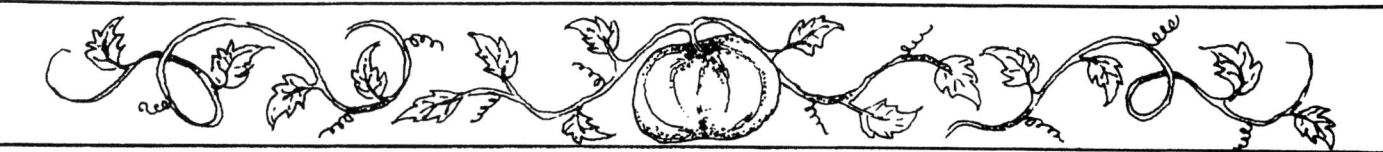

Saucen

An Suppen und an Saucen erkennt man den guten Koch. Das ist eine alte Weisheit, denn was hilft die schönste Lammkeule, der schönste Rinderbraten, wenn es dazu keine gute Sauce gibt. Bei den Rezepten habe ich des öfteren zum Aufgießen Fleischbrühe oder Geflügelfond erwähnt, und es ist sicher richtig, daß man solches normalerweise nicht zur Verfügung hat. Aber dem kann abgeholfen werden. Sollten einmal Rindfleisch vom Rippenstück oder auch Beinscheiben im Angebot sein und Sie haben gerade Zeit und Lust, kaufen Sie eine größere Menge und kochen eine große Portion Fleischbrühe, wie auf Seite 20 beschrieben. Die Brühe sollte unbedingt im Kühlschrank kaltgestellt werden, damit das gesamte Fett entfernt werden kann. Anschließend entweder in Portionen (geht mit kleinen Gefrierbeuteln) einfrieren, oder in kleinen Schraubdeckelgläsern einwecken. Genauso können Sie es auch mit Hühnerbrühe machen und nie mehr haben Sie Schwierigkeiten, eine gute Sauce herzustellen. Denn wie sagt der Elsässer: Alles kann rein in eine Sauce, nur kein Wasser.

Béchamelsauce

Die Béchamelsauce ist eine Basis, eine runde, cremige Grundlage für verschiedenste Geschmacksrichtungen, die mit Kräutern und Gewürzen hergestellt werden.

40 g Butter
40 g Mehl
ca. ½ l Milch
Salz und frischgeriebene Muskatnuß

Man läßt das Mehl in heißer Butter anschwitzen, ohne es braun werden zu lassen, gießt mit der Milch auf, rührt mit dem Schneebesen alles glatt und läßt es ca. 2 Minuten kochen. Die Konsistenz der Sauce ist Geschmackssache und kann durch etwas mehr Milch jederzeit verändert werden. Dann mit Salz und Muskat würzen. Will man die Béchamelsauce ganz zart und geschmeidig haben, kann man 2–3 Eigelb mit 1 Tasse Sahne verrühren und mit dem Schneebesen in die heiße, aber nicht mehr kochende Sauce einrühren. Dann die jeweiligen Kräuter dazu. Béchamelsauce ohne Kräuter, aber dafür die halbe Menge Milch durch Sahne ersetzt, ist auch immer ein wunderbarer Begleiter für Gemüse. Sei es nun Blumenkohl, Broccoli oder Kohlrabi. Aus Fisch wird mit einer Béchamelsauce in wenig Zeit ein wunderbares Essen. Die Fischfilets, die nur ganz kurz in Weißwein pochiert werden, lassen sich mit Béchamelsauce mit Kerbel, Dill oder Schnittlauch in eine Delikatesse verwandeln.

Weißweinsauce

Diese Sauce ist ein hervorragender Begleiter zu Fisch und die Grundsauce kann jederzeit durch Beigabe von gehackten Kräutern wie Dill, Kerbel, Schnittlauch oder Petersilie eine neue Nuance kriegen.

Die Butter erhitzen und darin die Schalotten und die Champignons andünsten, die Petersilie dazugeben und mit dem ersten Glas Weißwein löschen. Auf kleinem Feuer reduzieren lassen, bis kaum mehr Flüssigkeit vorhanden ist, mit dem zweiten Glas Weißwein löschen, auf die Hälfte einkochen lassen und nun mit der Sahne aufgießen. Wieder alles um ein Drittel reduzieren. Die Petersilienstengel herausfischen, die Sauce mit dem Pürierstab ganz fein mixen und mit Salz und Pfeffer zart abschmecken.

Butter zum Andünsten
2 Schalotten, kleingehackt
5 Champignons, gewürfelt
3 Zweige Petersilie, 2 Gläser
Weißwein
¼ l Sahne

Variation: Noch runder wird die Sauce, wenn man zuerst mit einem Schuß Noilly Prat löscht.

Mayonnaise

Mayonnaise zu rühren, ist eine schnelle Geschichte, wichtig ist nur der Pürierstab oder ein Mixer.

Die Eier mit dem Senf in den Mixer geben, dann langsam, bei laufendem Mixer das Öl dazugeben, dann die Sahne. Anschließend mit Zitrone, Salz und Pfeffer abschmecken. So einfach ist das und das Ergebnis wird Sie total begeistern. Man kann auf diese Weise eine Portion Mayonnaise bereiten, beispielsweise für den Fischsalat von Seite 38 und den Rest einige Tage im Kühlschrank aufheben, um daraus unter anderem eine Salatsauce zu zaubern (Die verwendeten Eier müssen aber wirklich frisch sein).

2 Eier
1 TL Dijonsenf (wenn möglich Savora)
1 Glas Sonnenblumenöl
½ Becher Sahne
etwas Zitronensaft
Salz und Pfeffer

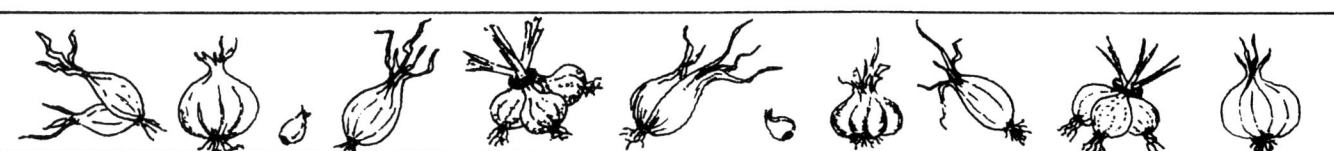

Salatsauce mit Schnittlauch für Kopfsalat

4 EL Mayonnaise (Rezept Seite 113)
3 EL Öl, etwas Zitronensaft
etwas warmes Wasser, Salz und Pfeffer
1 Bund Schnittlauch in Röllchen
geschnitten

Die Mayonnaise wird mit Hilfe des Pürierstabs mit Öl und Zitronensaft verlängert, nochmals mit Salz und Pfeffer abgeschmeckt und mit etwas warmem Wasser verdünnt. Die Hälfte des Schnittlauchs in die Sauce mischen und den Kopfsalat vorsichtig damit vermengen, die andere Hälfte des Schnittlauchs über den Salat streuen.

Die folgenden Salatsaucen sind in einer Menge angegeben, daß sie für zwei bis drei große Salatschüsseln reichen, denn es schadet ihnen nicht, wenn sie einen Tag im Kühlen aufbewahrt werden.

Salatsauce für den Sommer

2 Knoblauchzehen und Basilikum,
Estragon, Zitronenmelisse, Sauer-
ampferblätter, Schnittlauch, 2 Blatt
Kapuzinerkresse, 1 Blatt Borretsch
1 Tasse Olivenöl
je 2 EL Rotweinessig und Balsamessig
1 EL Sherryessig
ein Schuß Himbeeressig
Salz und Pfeffer

Von allen Kräutern, bis auf Kapuzinerkresse und Borretsch, brauchen Sie die gleiche Menge und natürlich, wenn möglich alle. Die Kräuter zusammen mit dem Knoblauch ganz fein hacken. Die anderen Saucenzutaten mit dem Schneebesen gut durchschlagen und dann das Kräutergemisch beigeben. Die Zugabe des Essigs ist Geschmackssache und Sie können immer durch Zugabe von etwas Öl die Säure vermindern, oder umgekehrt. Diese Salatsauce paßt hervorragend zu einer Mischung aus verschiedenen Blattsalaten.

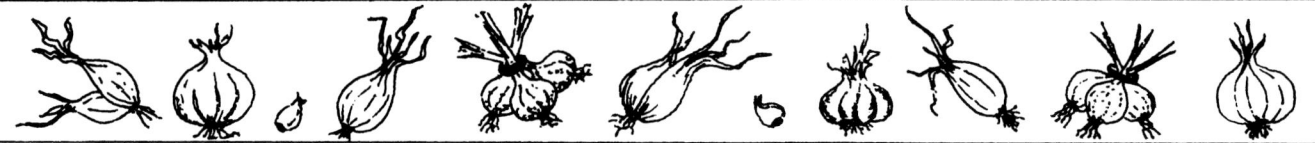

Salatsauce für den Winter

1 Knoblauchzehe, Salz und Pfeffer
1 Tasse Olivenöl, 3 EL Rotweinessig
2 EL Sherryessig, 1 TL Dijonsenf

Den ganz klein geschnittenen Knoblauch mit Salz und Pfeffer in der Rührschüssel so gut wie möglich zerdrücken. Dann mit einem Schneebesen langsam das Olivenöl, zum Schluß Essig und Senf einrühren.

Kräuterbutter

125 g Butter
1 Bund Petersilie
die Blätter von einem Zweig Estragon
2–3 Knoblauchzehen
Salz und Pfeffer

Die weiche Butter in Flocken in eine Schüssel geben und die kleingehackten Kräuter und den Knoblauch darüberstreuen, salzen und pfeffern. Alles gut mit einer Gabel vermischen, dann in Frischhaltefolie einrollen und die Kräuterbutterrolle im Kühlschrank aufbewahren. Bei Gebrauch die Butter in Scheiben schneiden und auf das gegrillte Fleisch legen. Diese Butter kann auch für die Schnecken verwendet werden.

Sauce Béarnaise

3 Schalotten, ganz fein gewürfelt
Blätter von 2 Estragonzweigen und
½ Bund Petersilie fein gehackt
Butter zum Andünsten
3 EL Weißweinessig
1 Glas Weißwein
Eigelb, ¼ l Sahne
Salz und Pfeffer

In einer Kasserole die Butter erwärmen und die Schalotten und die Kräuter andünsten, bis die Zwiebeln glasig sind. Mit dem Essig löschen, einköcheln lassen, dann mit dem Weißwein löschen und wieder einköcheln lassen, bis die Flüssigkeit verdunstet ist. Abkühlen lassen. In der Zwischenzeit die Sahne und die Eigelb in eine metallene Rührschüssel geben und über dem siedenden Wasserbad mit dem Schneebesen so lange schlagen, bis eine cremige Substanz entstanden ist. Sofort in eine kalte Schüssel umgießen und mit Salz, Pfeffer und dem Zwiebel-Kräuter-Gemisch abschmecken.

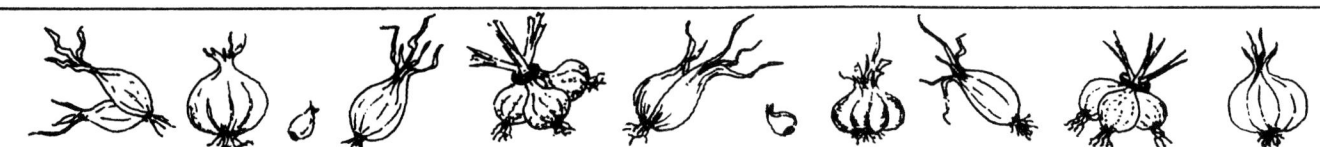

Der Käse

In der Reihenfolge des Menüs kommt der Käse nach den Hauptgerichten, ist sozusagen die Einleitung zu den Nachspeisen. Immerhin gibt es in Frankreich an die 400 Käsesorten, und diese Vielfalt kann ein leidenschaftlicher Esser niemals unbeachtet lassen. Im Elsaß ist der typische Käse der Münsterkäse. Benannt nach dem Tal in den Hochvogesen. Etwa um das Jahr 1000 begannen die Bergbauern ihr Vieh im Sommer auf die Hochweiden zu treiben. Auftrieb war und ist immer der Urbanstag, also der 25. Mai, und Abtrieb der 29. September, der Tag des Heiligen Michaels. Den ganzen Sommer wurde auf den Almen aus der handgemolkenen Milch Butter und Käse bereitet, die wichtigsten Handelsprodukte des Tales. In unserer Zeit haben sich die Bergbauernhöfe zu sogenannten „Ferme Auberge" gewandelt und sind beliebte Anlaufziele bei Wanderungen über die Höhen der Vogesen.

Der Münsterkäse ist ein Weichkäse mit gewaschener Rinde und einem sehr kräftigen Geschmack, von seinem kräftigen Geruch im reifen Stadium ganz zu schweigen. So sind die klassischen Begleiter des Käses auch nicht Weintrauben oder Birnen, sondern kräftiger Kümmel oder auch Rotwein, in den der Käse getaucht wird. Und wie bei den Vorspeisen schon beschrieben, eignet sich der Käse auch zum Überbacken. Der Geruch, der sich dann ausbreitet, ist enorm, aber man wird sich wundern, wie zart und begeisternd der Geschmack ist. Wenn Sie also von einem Besuch im Elsaß einen großen, dicken Münsterkäse mitbringen, dann versuchen Sie als Abendessen Münster Chaud auf Kartoffelbett.

Münster Chaud auf Kartoffelbett

pro Person ca. 150 g Münsterkäse
5–6 festkochende Kartoffeln
Butter
Kümmel

Die Kartoffeln gründlich waschen und bürsten und mit der Schale in hauchdünne Scheiben schneiden. Eine große flache Auflaufform mit Butter einreiben und die Kartoffelscheiben dachziegelartig hineinschichten. Mit wenig Salz und mit Butterflöckchen bestreuen. In das auf 200 °C vorgeheizte Rohr auf die unterste Schiene geben und ca. 15 Minuten backen, bis die Kartoffeln weich und leicht braun sind. Nun den Münsterkäse in Scheiben auf den Kartoffeln verteilen und Kümmel daraufstreuen. Die Auflaufform wieder ins Rohr schieben und so lange weiterbacken, bis der Käse schmilzt und Blasen schlägt. Sofort servieren und frisches Baguette dazu reichen.

Münsterkäse auf Bratkartoffeln

Hier nun eine Variante des heißen Münsterkäses von Christoph, dem Schreiner. Er gerät in Begeisterung, wenn er jemandem beschreibt, wie der heiße Käse zerläuft und sein Duft sich vielversprechend in der Küche ausbreitet.

1 kg gekochte Kartoffeln
1 große Zwiebel, kleingewürfelt
Fett zum Braten, Salz und Pfeffer
ca. 500 g Münsterkäse
150 g geräucherter Speck,
kleingewürfelt
etwas Kümmel

Die gekochten und abgekühlten Kartoffeln in Scheiben schneiden. In einer Pfanne die Zwiebeln andünsten, die Kartoffeln dazu geben und auf großem Feuer unter ständigem Wenden schön braun braten. „Gebrätelte" heißt das auf elsässisch. Anschließend die Bratkartoffeln in eine Auflaufform geben und mit in Scheiben geschnittenem Münsterkäse belegen. Den Speck in einer Pfanne kräftig anbraten, noch heiß über dem Käse verteilen, etwas Kümmel über das Ganze streuen und im vorgeheizten Backofen bei 200 C° so lange backen, bis der Duft sich in der Küche ausbreitet und der Käse in die Kartoffeln schmilzt.

118

Münsterkäse mit Maizwiebeln

Eine ganz besonders „duftende" Frühjahrsspezialität mit Münsterkäse ist die Kombination mit Maizwiebeln. Das sind die weißen, zarten Frühlingszwiebeln mit ihren saftigen grünen Stengeln. Hier wird dies gerne gegessen, wenn die Männer einen Abend für sich gestalten, viel vorhaben und lange sitzen wollen. Sie behaupten, das sei die beste Frühjahrskur, einige Frauen meinten aber schon, das sei der beste Scheidungsgrund, ob der Düfte, die die Herren anschließend verbreiten. Denn dazu wird nicht nur reichlich Bier getrunken, sondern auch selbstgebrannter Schnaps.

Die Maizwiebeln am Vortag in dünne Scheiben schneiden, auch die grünen Stengel, und leicht salzen. In einer gut verschließbaren Schüssel über Nacht kühlstellen. Am großen Abend den Münsterkäse in Scheiben auf Platten anrichten und die Maizwiebeln darüber verteilen. Dazu Baguette, dunkles Brot und Butter.

8–10 Maizwiebeln
1 gut reifer Münsterkäse (ca. 800 g)
etwas Salz

Bibeleskäse mit Bratkartoffeln

Der Bibeleskäse ist eine speziell elsässische Form des Quarks. Er hat auch 20 oder 40 % Fettgehalt, ist aber etwas säuerlicher, flüssiger und vor allem cremiger.

Die in der Schale gekochten Kartoffeln abkühlen lassen und dann schälen und in Scheiben schneiden. In heißem Fett schön braun braten, salzen und pfeffern. Den Bibeleskäs mit Salz und Pfeffer würzen, die anderen Zutaten in kleine Schüsseln füllen und alles miteinander auf den Tisch stellen. So kann sich jeder von den Zutaten nehmen, wieviel er will und seinen Bibeleskäs ganz persönlich würzen.

Variation: Den Bibeleskäs kann man noch frühlingshafter bereiten, wenn man zu den obengenannten Zutaten noch eine Schüssel voll kleingehackter Frühlingskräuter wie Sauerampfer, Löwenzahnblätter, Brennesselspitzen und Kerbel gibt.

1,5 kg neue Kartoffeln
Fett zum Braten der Kartoffeln
1 kg Bibeleskäse
Salz und Pfeffer
1 Bund frischer Schnittlauch,
in Röllchen geschnitten
4 Zehen Knoblauch, fein gehackt
3 Frühlingszwiebeln, kleingewürfelt
300 g Speck in kleinen Würfel

Die Desserts

Ein Nachtisch ist, nimmt man ihn beim Wort, etwas das danach kommt, so wie das Nachwort. Das ist aber keineswegs abwertend zu verstehen, sondern so, daß das Beste immer zum Schluß kommt. Dieser Ansicht sind viele Esser und da im ganz Besonderen die der elsässischen Art. Das Dessert ist der endlich erreichte Gipfel eines Menüs und auf seine anregende Darbietung sollte der Koch ganz besonders achten, denn dieser letzte Höhepunkt bleibt besonders nachhaltig im Gedächtnis. Wenn bei uns im Restaurant eine größere Gruppe zu einem festlichen Anlaß ein großes Essen vertilgt, schlagen die Wogen des Gesprächs und des Gelächters immer hoch. Wir in der Küche warten dann jedesmal gespannt auf den Moment, wenn das Dessert hinausgetragen wird, denn dann tritt auf den Schlag das ein, was eines unserer Kinder als „Tortenstille" bezeichnete.

Das Jahr ist ein großer Reigen von Früchten, die hier in köstlicher Vielfalt zur Verfügung stehen. Sie sind in ihrer natürlichen Reihenfolge das Hauptthema vieler Desserts.

Erdbeeren mit Pistazieneis und Rieslingsabayon

ca. 800 g Erdbeeren
Zucker

Für die Sabayon:
6 Eigelb, 200 g Zucker
¼ l Riesling

pro Person 1 Kugel Pistazieneis,
fertig gekauft

Die Erdbeeren vierteln und zuckern, ca. 30 Minuten ziehen lassen, aber nicht im Kühlschrank.

Kurz vor dem Servieren die Sabayon wie folgt bereiten: In einer metallenen Rührschüssel die Eigelb und den Zucker schaumig rühren. Den Weißwein beifügen und die Rührschüssel über einen Topf mit siedendem Wasser hängen, mit dem Schneebesen schnell aufschlagen, bis eine schaumige Creme entsteht. Sofort in eine kalte Schüssel gießen. Nun auf die großen Dessertteller in die Mitte eine Kugel Pistazieneis setzen, rundum die Erdbeeren anrichten und die Sabayon auf die Erdbeeren geben. Sofort servieren.

Rieslingsabayon auf roten Früchten

2 Blatt Gelatine
je 200 g Himbeeren, rote Johannis-
beeren, Erdbeeren und Kirschen,
(Schwarzkirschen und Sauerkirschen)
und 1 Handvoll schwarze Johannis-
beeren
1 Tasse Wasser und
150 g Gelierzucker (1:2)
Saft von einer halben Zitrone
Rieslingsabayon (siehe oben)

Die Gelatine in kaltem Wasser einweichen. Die Früchte mit dem Wasser und dem Zucker 2–3 Minuten aufkochen lassen. Die eingeweichten Gelatineblätter in Zitronensaft erwärmen und schmelzen lassen. Nicht kochen! Zu den Früchten geben und diese noch warm in große Dessertkelche füllen und kalt stellen. Wenn man keine Kelche hat, einfach eine große Schüssel für Alle nehmen. Dies kann man lange vor dem Essen vorbereiten, nur die Sabayon muß kurz vor dem Servieren geschlagen werden. Sie wird dann direkt auf die Früchte gegeben und mit einigen zurückbehaltenen ganzen Früchten verziert.

Weiße Mousse auf Erdbeerspiegel

Bei dieser weißen Mousse brauchen Sie weiße Schokolade, die zum Erhitzen geeignet ist.

500 g Erdbeeren, 50 g Zucker und Orangensaft mit dem Pürierstab oder dem Mixer pürieren, kalt stellen. Restliche Erdbeeren zur Hälfte vierteln und zuckern, ziehen lassen. Die übrigen Früchte sorgfältig halbieren, so daß möglichst noch die Blätter dran sind. Die Gelatine in kaltem Wasser einweichen, mit einigen Tropfen Wasser erwärmen und schmelzen lassen. Warm halten. Nun in eine kleine metallene Rührschüssel die Schokolade über ein heißes Wasserbad hängen und schmelzen lassen. In eine andere Rührschüssel die Eier geben und auch über heißem Wasser mit dem Schneebesen schaumig schlagen. Die geschmolzene Gelatine zu den Eiern geben, dann langsam die heiße Schokolade einrühren und die Schüssel sofort in kaltes Wasser stellen. Noch etwas weiter mit dem Schneebesen rühren, bis die Masse nur noch warm ist. Nun langsam unter die Sahne heben, die fertige Mousse in eine weite, flache Auflaufform geben und mindestens 2 Stunden im Kühlschrank ruhen lassen. Wenn man Gäste erwartet, können all diese Arbeiten schon am Tag vorher erledigt werden.
Zum Servieren auf die mit Puderzucker bestäubten Teller mittig den Erdbeerspiegel setzen, mit einem in heißes Wasser getauchten Eßlöffel aus der Mousse Nocken stechen und auf den Spiegel setzen. Die gezuckerten Erdbeeren in einzelne Häufchen dazu setzen und daneben kleine Sahnetupfen. Die halbierten Erdbeeren auf die Sahnehäufchen.

Variation: Das gleiche Dessert können Sie etwas später im Jahr mit Himbeeren bereiten. Noch eine Möglichkeit ist, einen Spiegel aus Sauerkirschen zu machen. In diesem Fall müssen die entkernten Früchte mit Zucker kurz aufgekocht und dann püriert werden. Als Garnierung rund um die Mousse kann man dann Himbeeren, Johannisbeerrispen und Erdbeeren nehmen.

1 kg Erdbeeren
2 EL Orangensaft
(möglichst frisch gepreßt)
100 g Zucker
4 Blatt Gelatine
300 g weiße Schokolade
3 Eier
½ l Sahne, steifgeschlagen

Rhabarber mit Erdbeerparfait

Das Parfait ist eine Eisspezialität, die man leicht machen kann und für die man keine Eismaschine braucht.

300 ml Sahne
125 g Zucker
125 g Wasser
3 Eigelb
4 cl Erdbeerlikör
500 g Rhabarber
150 g Zucker
1 Tasse Wasser
2 Stück dünn abgeschnittene
Zitronenschale

Für das Parfait die Sahne sehr steif schlagen und anschließend kalt stellen. Den Zucker in dem Wasser auflösen und dann mit den Eigelb in einer metallenen Rührschüssel über einem Wasserbad schaumig rühren. Nun in eine kühle Schüssel umgießen und mit dem Handmixer noch einige Minuten durchrühren, bis eine glatte Masse entsteht. Nun den Erdbeerlikör dazugeben und die Masse vorsichtig unter die Sahne heben. In eine möglichst flache Gefrierbox füllen und mindestens über Nacht einfrieren.

Den Rhabarber gut schälen und in 2 cm lange Stücke schneiden. In einer Kasserole den Zucker in dem Wasser mit der Zitronenschale schmelzen und einige Minuten ziehen lassen. Dann die Rhabarberstücke einlegen, vorsichtig zum Sieden bringen und ganz kurz erhitzen. Die Stücke sollen weich sein, aber nicht zerfallen. Kalt stellen.

Die Dessertteller evtl. mit Puderzucker bestäuben, den Tellerboden mit Rhabarber bedecken, mit einem heißen Löffel Nocken aus dem Parfait stechen und auf dem Obst verteilen. Wer möchte, kann das Dessert noch mit einigen Sahnetupfern und halbierten Erdbeeren verzieren.

Variation: Dieses Eisparfait läßt sich natürlich mit jedem anderen Likör parfümieren, genauso kann man es aber auch mit pürierten Erdbeeren oder Himbeeren abschmecken. Da sind der Phantasie und der Erfindungsgabe keine Grenzen gesetzt.

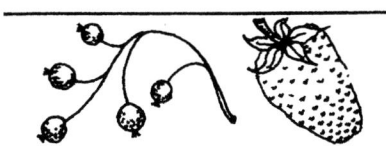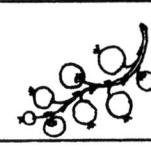

Beignetteig

Mit den Franzosen teilen sich die Elsässer die Liebe zu Beignets, das heißt in Teig Gebackenem. Egal welche Desserts wir im Restaurant anbieten, wenn eines mit Beignets dabei ist, wird es von den Einheimischen bestellt. Ganz im Wandel der Jahreszeiten bieten sich da allerhand Möglichkeiten an.
Vorab nun den Beignetteig, er gilt für alle folgenden Rezepte.

Das Mehl mit Zucker und Salz mischen und die Eigelb einrühren. Nun soviel Wein dazugeben, daß ein dickflüssiger Teig entsteht. Dann die Eiweiß vorsichtig unterheben. Zum Ausbacken einen weiten Topf wählen und soviel Butterschmalz erhitzen (180 °C), daß das Fett ca. 5 cm hoch im Topf steht. Egal welche Frucht, sie wird in den Teig getaucht und dann vorsichtig und schnell in das heiße Fett gegeben. Erst wenn die Ränder an der Seite leicht braun werden, die Beignets wenden und bräunen lassen. Dann mit dem Schaumlöffel aus dem heißen Fett fischen und auf Küchenkrepp kurz abtropfen lassen.

250 g Mehl
2 EL Zucker
1 Prise Salz
3 Eigelb
etwas Riesling
3 Eiweiß, steif geschlagen
Butterschmalz zum Ausbacken

Beignets von Hollerblüten auf Sauerkirschenspiegel

Die Sauerkirschen mit dem Zucker und einer Tasse Wasser aufkochen und im Mixer ganz fein pürieren. Kalt stellen.
Die Hollerblüten vorsichtig reinigen, aber nicht waschen. Den Beignetteig rühren und das Fett erhitzen. Die Hollerblüten in den Teig tauchen und im heißen Fett ausbacken. Auf die mit Puderzucker bestäubten Teller den Sauerkirschenspiegel setzen und die frisch gebackenen Hollerbeignets dazu. Die Kugel Vanilleeis daneben und mit kleinen Sahnetupfern abrunden. Die Beignets nochmal kräftig mit Puderzucker bestäuben.

pro Person eine schöne,
große Hollerblüte
Beignetteig (siehe oben)
500 g Sauerkirschen
150 g Gelierzucker, 1 Tasse Wasser
pro Person 1 Kugel gutes Vanilleeis
Puderzucker

Beignets von roten Früchten auf Vanillesauce

Beignetteig (Seite 125)
Kirschen, Erdbeeren,
ganze Rispen roter Johannisbeeren
und evtl. noch Pflaumen
Puderzucker

Für die Vanillesauce:
250 ml Milch
1 Vanilleschote
4 Eigelb
50 g Zucker

Die Milch mit der Vanilleschote aufkochen, vom Feuer nehmen und die Vanilleschote der Länge nach halbieren, sorgfältig die Vanillekörnchen herausschaben und in die Milch geben. Die Eigelb und den Zucker schaumig rühren und die warme Milch langsam dazugeben. Wieder auf das Feuer stellen und auf kleiner Flamme unter ständigem Rühren erhitzen. Es darf nicht kochen! Wenn die Sauce cremig wird, sofort in eine bereitgestellte Schüssel umgießen. Beim Abkühlen ab und zu umrühren.

Den Beignetteig wie oben beschrieben bereiten. Nun die Früchte waschen und abtrocknen, die Stiele dranlassen, in den Beignetteig tauchen und in das heiße Fett geben. Auf die Teller große Spiegel Vanillesauce, die auf Küchenpapier abgetropften Früchtebeignets hübsch darauf anrichten. Mit Puderzucker bestäuben und zur Dekoration noch einige Früchte ohne Teig dazulegen.

Wenn der Sommer seinen Höhepunkt überschritten hat, beginnt die große Zeit der Äpfel, und dieses Obst begleitet uns auch durch die Winterzeit, denn die zum Kochen hervorragend geeigneten Sorten Reinette und Boskop sind gut lagerfähig.

Apfelbeignets auf Zimtkrokantsauce

Vanillesauce (siehe oben)
Zimt
2 cl Cognac
Beignetteig (Seite 125)
7 Boskopäpfel
Zitronensaft, Zucker
Haselnußkrokant (fertig gekauft)

Eine Vanillesauce bereiten, wie im vorigen Rezept beschrieben, und mit Zimt und Cognac würzen. Zimt langsam beigeben und immer wieder abschmecken, dann die Sauce kaltstellen. Beignetteig zubereiten, wie auf Seite 125 beschrieben. Die Äpfel schälen, die Kernhäuser ausstechen, in dicke Scheiben schneiden, zuckern und mit Zitronensaft beträufeln, ziehen lassen. Die Apfelkringel in den Teig tauchen und ausbacken, kurz in Zucker wälzen. Auf den Teller einen Spiegel von Zimtsauce geben, mit Haselnußkrokant bestreuen und die Beignets dazulegen.

Da wir nun schon bei den so preiswert und reichlich zu Verfügung stehenden Äpfeln sind, hier ein Rezept, das einfach und schnell gemacht ist und einen festen Fanclub bei uns im Restaurant hat. Sie warten sehnsüchtig, daß die Zeit der roten Früchte endlich vorbei ist und wieder Pommes Calva auf der Karte steht.

Äpfel in Calvados mit Vanilleeis

Die Äpfel schälen und vierteln und in dünne Scheiben schneiden. Mit ganz wenig Zitronensaft beträufeln und mit Zimt und Zucker bestreuen. Kurz ziehen lassen. In einer Pfanne die Butter erhitzen und die Apfelschnitze dazugeben. Unter ständigem Wenden auf großer Flamme andünsten. Vom Herd nehmen, den Calvados über die Äpfel geben und flambieren. Die Flamme durch Rütteln zum Erlöschen bringen, die flüssige Sahne dazugeben, nochmals kurz über starker Hitze rühren und auf die großen Dessertteller verteilen. In die Mitte der Äpfel eine große Kugel Vanilleeis plazieren und rundherum mit der Spritztüte oder der Sprühsahne kleine Sahnetupfen setzen.

6–7 Boskopäpfel, Zitronensaft
Zucker und etwas Zimt miteinander
vermischt , 2 EL Butter
4 cl Calvados
1 Schuß flüssige Sahne
pro Person 1 Kugel Vanilleeis
von guter Qualität
¼ l geschlagene Sahne

Crêpes

Ein Klassiker der französischen und auch elsässischen Küche sind Crêpes. Man kann sie schnell und einfach zu einem köstlichen Dessert verwandeln. Dazu backt man pro Person einen großen, hauchdünnen Crêpe aus, richtet ihn sofort in einer der folgenden Variationen an und serviert einen nach dem anderen. Es schmeckt so besser, als wenn man alle auf einmal backt und warmhält. Und wie die Früchte reifen, so wandelt sich auch der Nachtisch mit Crêpes im Laufe der Jahreszeit.

Crêpes mit Erdbeeren

Crêpeteig (Seite 109)
800 g Erdbeeren, geviertelt
etwas Orangensaft, Zucker
geschlagene Sahne zum Verzieren

Crêpeteig anrühren, die Erdbeeren mit Orangensaft und Zucker marinieren und ziehen lassen, aber nicht im Kühlschrank. Die Crêpes ausbacken, gezuckerte Erbeeren auf eine Hälfte verteilen und die andere Hälfte dekorativ darüberfalten. Mit Sahne verzieren.

Crêpes mit Aprikosen

1 kg sehr reife Aprikosen
1 Tasse Wasser
150 g Gelierzucker
Crêpeteig (Seite 109)
Butter zum Bestreichen
geschlagene Sahne zum Verzieren

Die Aprikosen in heißem Wasser kurz blanchieren und schälen, dann halbieren und die Kerne entfernen. Mit einer Tasse Wasser und dem Zucker kurz aufkochen und dann abkühlen lassen. Die Crêpes ausbacken, in diesem Fall backt man alle auf einmal aus. Die Crêpes mit den Aprikosen belegen – aber noch etwas von den gekochten Früchten zurückbehalten – und locker zusammenrollen. Auf eine feuerfeste Platte setzen, die Butter erwärmen und damit die Crêpes einpinseln. In den vorgeheizten Backofen schieben und kurz bei 220 °C überbacken. Nun jedem seinen Crêpe auf den Teller legen, die restlichen Aprikosen darauf verteilen und mit Sahne garnieren.

Crêpes mit Äpfeln

Crêpeteig (Seite 109)
6–7 Äpfel, 2 EL Butter, Saft 1 Zitrone
2 EL Rosinen, 3 EL Zucker
3 cl Calvados
pro Person 1 Kugel Vanilleeis
geschlagene Sahne zum Verzieren

Den Crêpeteig anrühren und ziehen lassen. Die Äpfel schälen, vierteln und in Scheiben schneiden. Die Butter und den Zitronensaft in einer Kasserole erwärmen, die Äpfel und Rosinen dazugeben und dünsten. Die Äpfel sollten noch ihre Form behalten. Mit Calvados löschen und abkühlen lassen. Die Crêpes ausbacken, auf die Teller legen, auf die eine Hälfte Äpfel geben, die andere Hälfte darüberklappen, eine Kugel Vanilleeis und kleine Sahnekleckse daneben.

Zum Abschluß des Dessertkapitels noch ein Dessert, das aus den Edelkastanien, den hier am Waldrand so beliebten Keschten, bereitet wird. Mit Vorliebe wird dieses Dessert zum Weihnachtsmenü gereicht.

Kastanienmousse

500 g Kastanien
1 Prise Salz
⅛ l Milch, 1 Vanilleschote
100 ml Sahne, 80 g Zucker
¼ l Sahne mit 2 EL Zucker
steifgeschlagene Sahne
2 cl brauner Rum
geschlagene Sahne und
Schokostreusel zum Verzieren

Die Kastanien kurz in Wasser aufkochen und noch heiß sehr gründlich schälen. Dann die Kastanien mit dem Salz in Wasser richtig weich kochen und abgießen. Die Kastanien zerdrücken und durch ein Sieb passieren. Nun die Milch mit der Vanilleschote aufkochen, die Vanilleschote entfernen und das Kastanienpüree dazugeben und unter ständigem Rühren zu einem dicken Mus einkochen. Die Sahne und den Zucker zugeben und nochmals aufkochen, dann erkalten lassen. Nun die steifgeschlagene Sahne mit Rum parfümieren, unter das Kastanienmus heben und die Creme in Dessertpokale füllen und kaltstellen. Vor dem Servieren mit Sahne und Schokostreuseln garnieren.

Die Kuchen

Kein Sonntag ohne Kuchen, kein Festessen ohne Kaffee und Kuchen nach dem Dessert. Selbst die Männer greifen bei Kuchen und Kaffee nochmals kräftig zu, denn dazu wird der nach einem großen Essen so sehnsüchtig erwartete Obstschnaps gereicht. Die erste Stelle der elsässischen Kuchen beansprucht der Kugelhopf. Im Töpferdorf Soufflenheim wird die berühmte Kugelhopfform in allen Farben und mit allen erdenklichen Mustern angeboten, und auch kein Souvenirladen im ganzen Land kommt ohne diese besondere Kuchenform aus. Die Geschichte dieses Kuchens läßt sich nicht endgültig klären, aber wahrscheinlich brachte ihn Marie Antoinette aus Österreich mit, und das Elsaß hat sich ganz besonders für diesen neuen Kuchen begeistert.

Wie bei allen Nationalgerichten gibt es auch hier die verschiedensten Tips und Ratschläge. Ich nehme ein Originalrezept von Marie-Rose, denn es ist einfach und gelingt immer.

Mandel-Rosinen-Kugelhopf

200 g Rosinen
½ l Milch
4 Eier
1 TL Salz
150 g Zucker
1 Hefewürfel
1 kg Mehl
125 g Butter, zimmerwarm
Mandeln
Puderzucker zum Bestäuben

Die Rosinen in lauwarmem Wasser einweichen. Die Milch mit den Eiern lauwarm machen und mit dem Schneebesen gut durchschlagen. In eine große Schüssel das Salz, den Zucker und die zerbröselte Hefe geben, außerdem die Eiermilch. Wieder alles mit dem Schneebesen kräftig aufschlagen, im Elsässischen sagt man „mit dem Schneebesen verkleppern". Nun das Mehl dazu, mit dem Knethaken durchrühren und die zimmerwarme Butter langsam einarbeiten. Jetzt den Teig mit den Händen kneten, bis er sich glatt von der Schüssel löst. Nun zudecken und gehen lassen, bis sich das Volumen verdoppelt hat. Wieder mit der Hand gut durchkneten und die abgetropften und trocken getupften Rosinen einkneten. Erneut gehen lassen, die Kuchenform ausbuttern, die Mandeln in die Vertiefungen legen und den Teig nach nochmaligem Kneten einfüllen. In der Form zugedeckt nochmals kurz gehen lassen. Etwa 40–45 Minuten im auf 170 °C vorgeheizten Ofen backen. Den fertigen Kuchen aus der Form stürzen und mit Puderzucker bestäuben.

Mit dem gleichen Teig macht Marie Rose auch

Fasenachtskiachle

Teig wie Kugelhopf (siehe oben)
Butterschmalz, soviel daß ein weiter
Topf ca. 10 cm hoch voll heißem
Schmalz ist.
Puderzucker

Den Teig wie oben kneten und gehen lassen, nur ohne Rosinen, und das Butterschmalz auf 180 °C erhitzen. Den Teig ca. 1 cm dick ausrollen und mit einem kleinen Glas Taler ausstechen. Diese in das heiße Fett geben. Wenn die Ränder braun werden, wenden und auf der anderen Seite bräunen. Mit dem Schaumlöffel herausholen, zum Abtropfen auf Küchenkrepp legen und mit Puderzucker bestäuben. Möglichst frisch verspeisen.

Hefekuchen wurde immer schon viel gegessen und war immer schon einigen Leuten zu trocken. So auch dem polnischen König Stanislas Lesczynski, der im Jahre 1720 im Exil im Elsaß lebte, und ein großer Feinschmecker war. Er sei der Erfinder des Rum Baba, heißt es, auf jeden Fall hat er den Baba in Frankreich eingeführt. Dieser mit Rumsirup getränkte Hefekuchen wird in einer ringförmigen Kuchenform gebacken.

Rum Baba

½ TL Zucker in eine Schüssel geben und mit dem warmen Wasser auflösen, die Hefe dazubröseln und auflösen. Die Schüssel zudecken und warm stellen, bis die Hefe gegangen ist. Die Milch lauwarm machen, die Butter schaumig rühren und das Mehl in eine Schüssel geben. Nun die Eier, die Milch, die Zitronenschale, Salz, den restlichen Zucker und die Hefemischung dazugeben und zu einem glatten Teig verarbeiten. Jetzt die Butter dazugeben und so lange kneten, bis der Teig glatt ist. Eine ringförmige Kuchenform (Durchmesser ca. 24 cm) ausbuttern und den Teig hineingeben. Mit einem Tuch abdecken und ca.1 Stunde gehen lassen. Den Kuchen im vorgeheizten Backofen bei 180 °C in ca. 30 Minuten braun backen.

Inzwischen den Sirup aus Zucker und Wasser kochen, etwas abkühlen lassen und den Rum unterrühren. Den fertigen Kuchen auf die Platte stürzen, auf der er auch serviert werden soll. Mit der Gabel Löcher hineinpieken und den Rumsirup mit einem Löffel daraufträufeln, bis er ganz getränkt ist. Dann den Kuchen mindestens zwei Stunden kalt stellen. Vor dem Servieren das Innere des Baba mit gezuckerter, geschlagener Sahne füllen.

3 TL Zucker
60 ml warmes Wasser
½ Hefewürfel
3 EL warme Milch
60 g zimmerwarme Butter
175 g Mehl
2 Eier
½ TL abgeriebene Zitronenschale
2 Prisen Salz

Für den Sirup:
150 g Zucker
¼ l Wasser
6 cl braunen Rum

Gleich nach den Hefekuchen kommen in der Skala der Beliebtheit alle Formen von Tartes, die Obstkuchen mit dem dünnen Mürbeteigboden und dem saftigen Belag, der je nach Jahreszeit variiert. Zum Backen benötigt man die typische Tarteform aus feuerfesten Porzellan oder Glas.

Apfeltarte

Den Mürbeteig bereiten und kaltstellen, die Äpfel schälen und achteln und die gewölbte Seite der Apfelstücke einritzen. Nun die Tarteform ausbuttern, den Mürbeteig ausrollen und in die Tarteform legen. Mit der Gabel Löcher hineinstechen. Die Apfelstücke auf den Teig legen, mit der runden Seite nach oben, und mit Zucker bestreuen. In den auf 200 °C vorgeheizten Ofen schieben und 15 Minuten backen lassen. Die Zutaten für den Guß zusammenrühren. Den Kuchen herausholen und den Eier-Sahne-Guß daraufgießen, wieder in das Backrohr schieben und bei 180 °C erneut ca. 15 Minuten backen lassen. Noch lauwarm servieren. Ein ganz besonderer Genuß ist ein Stück lauwarmer Apfeltarte auf dem Teller und daneben eine Kugel Vanilleeis mit einem dicken Klecks Schlagsahne.

Mürbeteig (Seite 108)
6–8 Äpfel, am besten Boskop oder
Reinette
2 EL Zucker

Für den Guß:
200 ml Sahne
4 Eigelb, 3 EL Zucker
1 Päckchen Vanillezucker oder einige
Tropfen Vanilleextrakt

Kirschentarte

Den Mürbeteig bereiten und kaltstellen. Die Kirschen so entkernen, daß die Früchte noch rund bleiben, also auf keinen Fall die Früchte halbieren. Die gebutterte Tarteform mit dem Teig belegen, die Kirschen sehr eng daraufschichten und mit dem Zucker bestreuen. In den auf 200 °C vorgeheizten Backofen schieben und 15 Minuten backen lassen. Die Zutaten für den Guß zusammenrühren, den Kuchen aus dem Ofen nehmen, den Guß daraufgießen, die Hitze auf 180 °C reduzieren und den Kuchen nochmals 15 Minuten backen. Noch lauwarm mit Sahne servieren.

Mürbeteig (Seite 108)
ca. 1 kg knackige rote oder schwarze
Kirschen
2 EL Zucker

Für den Guß:
200 ml Sahne
4 Eigelb, 3 EL Zucker

Variation: Genauso wie beim Kirschentarte beschrieben, kann man diesen Kuchen auch mit Zwetschgen und natürlich mit Mirabellen belegen. In diesen beiden Fällen kommt kein Guß über den Kuchen, und er wird erst nach dem Backen gezuckert. Bei den Zwetschgen schmeckt es sehr gut, wenn man etwas Zimt in den Zucker mischt. Daß die Früchte so eng wie möglich gelegt werden, versteht sich von selbst.

Und zum Schluß noch ein Rezept mit Hefeteig. Womit deutlich wird, daß die Elsässer Hefeteigkuchen in verschiedensten Variationen lieben und auch immer im Hause haben, wenigstens dort, wo man noch nach der alten Tradition lebt und ißt.

Zimtkuchen

Teig wie Kugelhopf (Seite 132)
Butter
Sahne
ca. 250 g Zucker mit 1–2 TL Zimt
vermischt
3 Eigelb

Den Teig wie beschrieben – aber ohne Rosinen – kneten und zweimal gehen lassen. Zwei Glasformen oder Springformen mit 26 cm Durchmesser und hohem Rand ausbuttern, den Teig halbieren und die Formen füllen. Zugedeckt nochmals gehen lassen. Nun mit den Fingern Löcher in den Teig drücken – je mehr und je tiefer, umso besser der Kuchen – und in jedes entstandene Loch ein Butterflöckchen und etwas Sahne, sowie Zimt und Zucker geben. Dann bestreicht man den ganzen Kuchen mit Eigelb und bestreut ihn nochmals ganz mit Zimt und Zucker. Im vorgeheizten Backofen bei 170 °C in 40–45 Minuten schön braun backen.

Die geistigen Getränke

Was ist das Elsaß ohne Weine, könnte man fragen, aber viel wichtiger ist die Frage, was wäre der Elsässer ohne Wein und Obstbrand. Niemals ein Essen ohne den passenden Wein, und seit Louis Pasteur ist ja gottlob auch wissenschaftlich nachgewiesen, daß der Wein auch ein gesundes Getränk ist. Aber nicht nur Wein wird getrunken, im Elsaß braut man schon seit alters her gute Biere und in der Gegend um Pfaffenhofen stehen die Hopfengärten. Um der großen Auswahl gerecht zu werden, haben sich gewisse Regeln entwickelt, die meistens eingehalten werden. Ein Essen beginnt mit dem Aperitif, der am liebsten in Gesellschaft eingenommen wird. Findet das Sonntagsmahl zu Hause statt, so gehen die Männer für den Aperitif nach der Kirche in das Wirtshaus. Auch der Samstag, der Tag, an dem zu Hause geschafft wird, ist ein Tag, an dem man sich vor dem Mittagessen Zeit nimmt, um im Wirtshaus die Nachbarn und Freunde zu treffen. Neuigkeiten und Klatschgeschichten werden ausgetauscht, Ereignisse rund ums Dorf, ganz selten spricht man über die Politik.

Das beliebteste Getränk vor dem Essen ist für die Männer das Amer Bier. Dazu werden 3 cl Picon Likör aus Orangenschalen und Karamel, dunkelbraun und süß, zum frisch gezapften Bier gemischt. Das Bier wird dunkel und süffig, aber auch gehaltvoller, was den Alkohol betrifft. Den zweiten Platz nimmt der Kir Alsacienne ein. Das ist ein Schuß Likör von schwarzen Johannisbeeren und eiskalter Riesling. Wahlweise wird er auch mit Likör von Brombeeren getrunken. Bei großen Anlässen lieben speziell die Damen einen Kir Royal mit Crémant d'Alsace,

statt mit Weißwein. Ein sehr erfrischendes und belebendes Getränk. Zum Essen selber wird immer Wein getrunken. Zu den Vorspeisen, und natürlich zum Choucroute und zum Fisch der Weißwein.

Womit wir beim Thema wären. Elsässer Weißweine sind weltberühmt und beliebt wegen ihrer Reinheit, ihrem fruchtigen Geschmack und ihrer guten Verträglichkeit. Im Gegensatz zu den anderen französischen Weinen werden sie nicht nach den Dörfern und Landschaften benannt, aus denen sie stammen, sondern nach den Rebsorten. Der bekannteste Wein ist wohl der Riesling, der König der Elsässer Weißweine. Er wächst besonders gut auf granit- und kalkhaltigen Schieferböden und gehört zu den am meisten angebauten Rebsorten des Landes. Er ist der richtige Begleiter zu Fisch und Sauerkraut, und der Coq au Riesling kommt ohne ihn nicht aus. Frische und leichtere Sorten sind der Sylvaner und der weiße Pinot. Beide bewähren sich als ideale Durstlöscher und werden sehr jung getrunken. Früher wurde der Sylvaner noch häufiger getrunken als der Riesling, aber da trank man auch noch größere Mengen. Wie man aus alten Geschichten erfährt, wurde der Weißwein schon am Vormittag, als Aperitif sozusagen, in beachtlichen Mengen getrunken und da sollte der Wein schon leicht und frisch sein. Ich persönlich liebe den Sylvaner an einem Sommertag im Garten, wenn keine Arbeit mehr zu tun ist. Heute ist der Wein für alle Tage eher der Edelzwicker, der Weißwein, der aus mehreren Rebsorten hergestellt wird. Zum größten Teil aus Sylvaner und Pinot.

Sehr berühmt in aller Welt ist der Elsässer Gewürztraminer. Dieser Wein hat ein würziges Bouquet und einen kräftigen Geschmack. Sein Alkoholgehalt ist auch deutlich höher als bei den anderen Weißweinen und er wird aus diesem Grund wohl hauptsächlich zum Aperitif, oder auch zu einer Vorspeise getrunken. Manche lieben ihn als Begleiter zu dem würzigen Münsterkäse.

Haben wir uns bei einem großen Festessen durch Aperitif und Vorspeisen durchgetrunken, so wird der Elsässer bei den Hauptgerichten seinem Land untreu, da wird er Franzose. Denn zu den Hauptgerichten, und das sind meistens Fleischgerichte, trinkt er Rotwein, guten und gehaltvollen französischen Rotwein. Ganz besonders beliebt ist der Bordeaux. Elsässer wird er erst wieder nach dem großen Speisen, wenn der Kaffee und der Digestif aufgetragen werden. Dann ist die

Stunde der Obstbrände gekommen. Und man kann sich dran gewöhnen, an den „Cafe avec", den Kaffee mit Schnaps, der nach einem reichen Mahl fast einer Medizin gleichkommt. Entkorkt man eine der schmalen Schnapsflaschen, sieht man vor seinem geistigen Auge all die Obstgärten vor sich, deren Früchte unter der Sommersonne gereift sind. Der Duft ist betörend, der da aus den Flaschen steigt, ob nach Himbeeren, nach Williamsbirne oder auch nach Kirschen und Mirabellen. Mancher Elsässer hat mir schon erklärt, dies sei die beste Form, Vitamine zu sich zu nehmen. So wie die Frauen bekannt sind durch ihre Kochkenntnisse, so ist ein Mann sehr weit bekannt, wenn er die Kunst des Schnapsbrennens gut beherrscht. Leider wird wohl diese alte Tradition bald aussterben, da Brennrechte nur noch auf den Häusern sind, so lange der alte Besitzer lebt. Stirbt er, werden dem Erben die Brennrechte nicht mehr wie früher weitergegeben, sie erlöschen und der neue Besitzer müßte, wenn er Schnaps brennt, jeden Liter versteuern und dazu ist ein Elsässer auf keinen Fall bereit.

Zum Abschluß sei noch der Crémant d'Alsace erwähnt, der nach der Art des Champagners aus den Elsässer Weißweinen produziert wird. Er ist leicht und spritzig und sehr trocken. Ein Getränk für Festlichkeiten und für besondere Ereignisse, wie die Geburt eines neuen Elsässers.

Register